AF193020

SILENCIO Y ARTE *ACTUAL*
A AMBOS LADOS DEL ESPEJO

CENDEAC
CENTRO DE DOCUMENTACIÓN Y ESTUDIOS AVANZADOS DE ARTE CONTEMPORÁNEO

Colección Infraleves / 34 /

Colección dirigida por
Fernando Castro Flórez
Edita
Consejería de Turismo, Cultura,
Juventud y Deportes
Instituto de Industrias Culturales
y de las Artes
© de esta edición
Centro de Documentación
y Estudios Avanzados
de Arte Contemporáneo, 2024
www.cendeac.net
Coordinación de publicaciones
Ana García Avilés
Actividades
Javier Castro Flórez
Documentación y biblioteca
Rocío Quiñonero Sánchez
© del texto
Rocío Garriga
Diseño de cubierta
José Luis Montero
Maquetación interior
María Cerón Madrigal
Imprime
Estugraf
ISBN
978-84-19052-26-1
Depósito legal
MU 1273-2023

Región de Murcia
ica Instituto de las Industrias Culturales y las Artes
CARAVACA DE LA CRUZ 2024 AÑO JUBILAR

CENDEAC
CENTRO DE DOCUMENTACIÓN Y ESTUDIOS AVANZADOS DE ARTE CONTEMPORÁNEO

SILENCIO Y ARTE *ACTUAL*
A AMBOS LADOS DEL ESPEJO

Rocío Garriga

Introducción

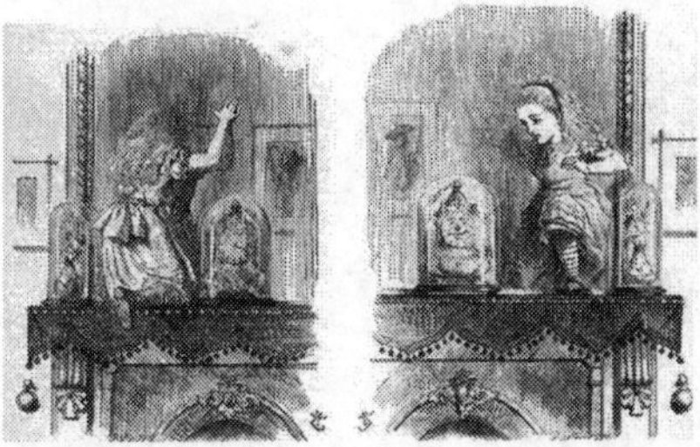

(1)

«Hay un lenguaje absolutamente diferente, hay un sistema de comunicación totalmente distinto... a través de sentimientos, imágenes. Este contacto supera todo lo que separa, derriba las fronteras. La voluntad, el sentimiento, las emociones despejan las barreras entre las personas, que hasta ahora estaban a ambos extremos del espejo detrás de esta o de aquella puerta... El marco de la pantalla se amplía, ante nosotros se abre un mundo, cerrado hasta ahora, y se convierte en una nueva realidad...».

(Carta de una espectadora anónima, en Tarkovski, 2018, p. 28)

Preámbulo

En la aceptación tácita de la tópica oposición entre silencio y lenguaje suele obviarse el hecho de que, una buena parte de la información que manejamos, y en la que *nos realizamos*, aparece bajo *aspectos sensibles* que son mucho más propios del silencio que de la palabra. Por este motivo, desde hace ahora algo más de una década, me empeñé en tratar de comprender el fenómeno del silencio en sus diversas formas y, particularmente, en *reflexionar* cómo el arte se apropia de él y por qué el silencio se apropia también del arte.

Aunque, desde el punto de vista del mundo más *actual,* parezca que el silencio no está incluido *bajo forma alguna* en el marco social en que vivimos hoy; es, sin embargo, este marco, el que me permite reiterar la ajustada observación que Max Picard ya hiciera a propósito del suyo en el año 1952, *pues entonces tampoco hubo nada que cambiara tanto a las personas como la pérdida del silencio* (*Cfr.*, p. 221; *Vid.* Kahneman, Sibony y Sunstein, 2021). Las preguntas que surgen por lo cual son: ¿Dónde se encuentran, entonces, los motivos principales que promueven la *actualidad del silencio hoy*? ¿De qué modo *su actualidad afecta al conjunto de nuestras disposiciones y relaciones estéticas*?

Ante la afirmación de que todas nuestras relaciones se constituyen en actos de comunicación —sean del tipo y la forma que sean—, y ante el efecto de que toda comunicación es un proceso que se define por su transcurrir en el tiempo, cabe inferir que una buena parte de las problemáticas que solemos experimentar al *entrar en contacto* con todo/s lo/s demás, se explique en esta especie de *subversión estética*: *la del ojo que no toca lo que ve.*

Últimamente, el desarrollo social ha consistido, en buena medida, en generar tecnologías que contribuyan a optimizar el tratamiento de la información; a incrementar la conexión entre personas, empresas, gobiernos, países; y a que ambas cosas se produzcan —sin perjuicio de las cantidades de datos que deban administrarse ni de la distancia física que deba salvarse— del modo más inmediato y veloz posible.

Esta clase de progresos, que han impulsado de manera exponencial el crecimiento de la cultura en imágenes, continúan imparables a pesar del desfase que se produce entre su avance y las dificultades que demostramos tener las personas a la hora de anticipar, comprender, asimilar e integrar las consecuencias que se derivan de su impacto (*Vid.* Anders, 2003, pp. 35-74). En este sentido, los avances instrumentales que hacemos, así como las nuevas condiciones de existencia que nos imponemos con ellos, exigen de nosotros el despliegue de procesos comprensivos que ni se desarrollan ni se transforman al mismo ritmo, y así es como las (ahora) utópicas sociedades de la información, la comunicación y la conexión (Noguera, 2018; Castells, 2006) han dado paso a la diagnosis de su desinformación, incomunicación, y —del deseo y la necesidad por— la desconexión (Durandin, 1995; Han, 2012, 2021).

La actualidad de nuestro mundo nos tiene al límite de nuestras capacidades físicas y mentales, al límite de los recursos naturales y del tiempo disponible, al límite entre ser lo que queremos ser y lo que el entorno hace de nosotros. En este sentido, aunque la imagen esté más presente y parezca adecuarse mejor hoy que el texto a nuestro *actual* comportamiento, la falta de sensibilidad que algunas personas presentan hacia ella, o la ausencia de interés por su "lectura", nos hacen dudar de su potencial. Después de todo, participar del exceso puede llevarnos a homogeneizar las experiencias volviéndonos insensibles a ellas (Monegal, 2007; Sontag, 2003), pero también puede ocurrir que sea precisamente nuestra sensibilidad hacia el exceso la que nos lleve a revertir su presión mediante un procedimiento mucho más simple: la *de-generación* de nuestra atención.

Al mismo tiempo, advertir que esta clase de exceso puede no hacernos más ricos sino más *pobres en términos* estéticos, nos sitúa también en una especie de silencio que tiene otro alcance, pues está *actuando* más allá de la mera negatividad.

En el libro *Claros del bosque* (1993) María Zambrano expresa que los «claros» entre las arboledas son como esos momentos de lucidez ante *la confu-*

sión, *espacios libres* que posibilitan el *conocimiento* del bosque y del más allá del bosque; y es que sucede, en ocasiones, que lo que estamos viendo no funciona sino como bloqueo para lo que realmente está ocurriendo tras ello, de tal suerte que —si somos optimistas, y lo vamos a ser— el silencio al que nos vemos abocados hoy no tiene por qué reforzarse en *la maleza* cuanto en el hecho de constituir su *factor de corrección*, pues con él se establece también un claro: un claro que tiene el potencial de *rehabilitar* en nosotros *el poder configurar una imagen del mundo de la que no necesitemos liberarnos.*

Así, aquel silencio, que en un principio se mostraba únicamente como reacción instintiva, y que en modo alguno parecía *significarse o agenciarse* como *un silencio configurador, afín a la comunicación, la comprensión, la reflexión* o *la empatía,* se revela ahora como una posibilidad de carácter *reparador* pues, tal y como sucede con el silencio que anula el sonido, que constituye el principio de toda escucha, el silencio que actúa negando nuestra sensibilidad puede significar también el comienzo de nuestra afirmación en ella.

Abandonar la dinámica del mundo actual para entrar *en trato* con la que se va a sugerir, implica detenerse a *re-conocer* qué es lo que el silencio supone y significa en lo relativo a nuestras realizaciones estéticas, en lo relativo a las formas en que se produce nuestra comunicación con todo/s lo/s demás. «La vida así considerada se nos ofrece como un enérgico diálogo» (Ortega, 1980, p. 21), y estas páginas pretenden ser una aproximación a él[1].

1 Las imágenes que se encuentran entre el texto, que no tienen pie de foto, construyen un relato propio tomando posición al paso de *su lectura*.

[MIGRATION]

Bajo el título *Migration*, Doug Aitken presentó en el año 2008, en la *303 Gallery* de Nueva York, una instalación formada por tres pantallas de grandes dimensiones que proyectaban el mismo vídeo salvo por el detalle de que, en cada una de ellas, su reproducción comenzaba con apenas unos segundos de diferencia, como si la imagen migrara de una pantalla a otra[2].

Esta instalación audiovisual muestra cómo se comportan los animales migratorios cuando se encuentran fuera de lugar: afanándose en *explorar y reconocer, con la totalidad de su cuerpo,* los interiores de los típicos *moteles* de carretera norteamericanos en los que *se encuentran*.

A lo largo del vídeo, cuyo visionado se completa al cabo de unos 25 minutos, pueden verse realizando esta tarea, entre otras especies: a un búho observando el ambiente, en los 360º que alcanza a abarcar con su mirada; a un castor en una bañera, olfateando las baldosas que están junto al grifo que la llena; a un búfalo que fricciona el frontal de su cornamenta contra la esquina del colchón que está en una habitación diminuta; a un puma que, habiendo desgarrado entre sus dientes una almohada, agita la cabeza al sentir el

2 Enlace a Migration, fragmento: <https://www.dougaitkenworkshop.com/selected-works/migration>

contacto de las plumas que esta contenía.

Los primeros planos de patas y pezuñas, de pelajes y plumajes, pero sobre todo, los primerísimos de lo que son sus profundos ojos, sus agudos oídos y sus curiosos hocicos, muestran que *la referencia a los sentidos* en estas imágenes es total, absoluta.

Los contrastes entre naturaleza y cultura que se producen a lo largo del vídeo se agudizan todavía más en su alternancia. Paisajes de sol, agua y tierra se combinan con imágenes de ciudades diversas, varios tipos de estaciones, parkings para coches.

En *Migration* parece que la figura del ser humano esté totalmente ausente, pero su presencia se evoca constantemente en *el exceso y en el defecto* de sus actos, que *aparecen como pretexto, contexto y subtexto* en todos y cada uno de sus planos.

Los animales nos hacen ver que, entre sus —y nuestros— primitivos instintos se encuentra una necesidad de conocimiento que solo se puede alcanzar mediante la implicación y el ejercicio *de su (nuestro) aparato perceptivo.*

***

Doug Aitken: "Es muy fácil perder la noción del entorno que te rodea, perder el contacto con el presente" (en Symonds, 2021).

1. Arte actual (A modo de introducción)

Los discursos nos ponen en contacto directo con todas las dimensiones que el silencio comporta como agente, les da forma y *se forma* en ellas.

Necesitamos espejos

Günter Anders opinaba que a menudo, en el arte, las imágenes tienen o *contienen* dos partes diferentes: una parte visible, que es la imagen que todo el mundo ve y puede identificar y que genera respuestas mecánicas; y una parte oculta, que es la que se refleja de lo anterior y que suele tener menos público, porque es la *imagen* que se ha de buscar rompiendo con la respuesta mecánica habitual. Así, *cuando las personas hacen efectiva la parte oculta que refleja la parte visible*, para Anders tiene lugar «una de las funciones educativas más grandiosas del arte» (*Cfr.* 2007, pp. 83, 117), pues quien alcance a ver esta *doble imagen* podrá *formar así su (propio) paisaje.*

No constituye problema alguno que en las artes no se pueda ver otra cosa más que una amalgama de contradicciones, antes al contrario, porque entonces el arte estará cumpliendo con una de sus más valiosas funciones, estará actuando como el espejo más común que conocemos: el que nos devuelve la imagen de lo que somos. Y es que, *el problema de la realidad del mundo está en consonancia con el de las sensibilidades que lo construyen* y, tal es así, que el mundo «no es lo que vemos, sino lo que somos» (Pessoa, 1997, p. 2004).

Controlar el fuego

En su relato del *Descenso en el Maelstrom* (1957, pp. 186-205) Edgar Allan Poe presenta la situación de dos hermanos que, atrapados por una tormenta en medio del mar, son arrastrados por sus fuerzas hacia el vórtice del remolino generado por ella. En una situación límite como esta, solo uno de los dos es capaz de distanciarse lo suficiente como para poder valorar el proceso en que está *inmerso,* y eso fue lo que le permitió *aprehender una salida*.

Todo evento perceptivo incluye respuestas emocionales y racionales, de lo que se sigue que los procesos de interpretación y/o significación que llevamos a cabo para comprender las cosas también combinen, de forma indisociable, razón y emoción. Las experiencias que se tienen se constituyen, por tanto, en un conjunto de sensaciones y emociones simultáneas que se diluyen en las formas del lenguaje ordinario, pues este nos obliga a ordenar en el tiempo lo que de *facto,* ocurre al margen de toda estructura.

Las ideas se pueden *transmitir*, pero lo que se siente no se puede *trans-ferir.* A propósito de ello, hay quienes afirman que mediante los cuadros, las esculturas, la literatura, el baile, el cine o la música, se crean situaciones que, de algún modo, imitan a las de la vida práctica suscitando excitaciones emocionales parecidas que nos satisfacen de forma sustitutiva (Elias y Dunning, 1992, p. 57) y que "no por ello son menos eficaces psíquicamente gracias al papel que la imaginación mantiene en la vida anímica" (Freud, 2016, p. 70).

Así, uno de los valores epistemológicos que comportan las artes se encuentra en el hecho de que estas se constituyan como acciones de carácter subjetivo e intersubjetivo, como actos de percepción, creación e interpretación que tienen la capacidad y el potencial de revelarnos *algo* acerca de/l (nuestro) mundo.

Mantener la llama

El artista Guillermo Calzadilla observa que "tan pronto como se afirma que algo está «completamente formado o entendido» en términos de lo que es, de la forma que tiene, de la función que desempeña en el mundo, de qué valor se le ha dado, etc. —empieza a estar en *peligro de muerte* en el sentido de que la plenitud de su significado constituye su fin" (2009, p. 9). En esta misma línea planteaba Andréi Tarkovski que "la explicación subrayada del sentido no consigue otra cosa que limitar la fantasía del espectador" (2018, p. 43), pero no sin antes preguntarse: "¿es que un autor le puede decir algo al espectador cuando no comparte con él el esfuerzo y la alegría de la creación de una imagen?" (*Ibid.*, p. 37).

"La condición *sine qua non* de la existencia de los objetos es la comunicabilidad" (Arendt, 2002, p. 460). Todo objeto de arte plantea *un área de acción* que se establece siempre entre ciertas coordenadas y como estas surgen en relación con el mundo, al relacionarnos con el arte nos estaremos relacionando con otras formas de verlo. El arte se necesita porque, fuera de toda élite atribuida —económica, intelectual, social, cultural, lo que lo hace particular es también lo que le hace ser universal.

Migración

En un gesto simbólico por mostrar que nuestra relación con todo/s lo/s demás se inaugura y se produce siempre desde la estética, David Le Breton transforma la máxima cartesiana sustituyendo el «pienso» por el «siento», y «luego (el) existo» (*Cfr.* 2017, p. 1).

Después de todo, en lo que comporta el silencio, y en lo que aportan las artes, es decir, en la migración del lenguaje hacia la sensibilidad se entiende (y se advierte): que *los límites de mi sensibilidad signifiquen (significan) los límites de mi mundo* (*Cfr.* Wittgenstein, 2009, p. 105).

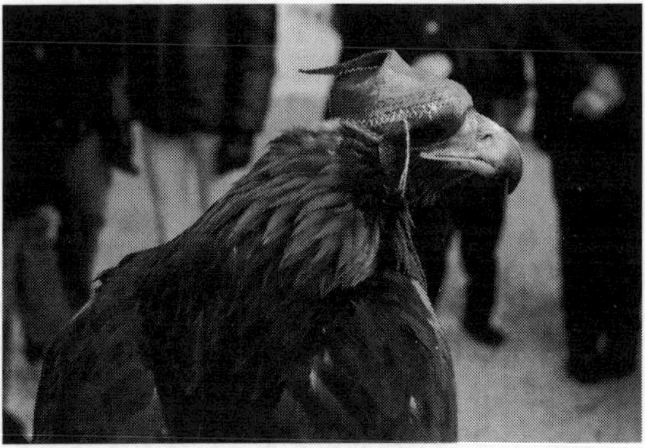
(2)

[THE REFLECTING POOL]

The Reflecting Pool forma parte de una colección de obras en vídeo de título homónimo que Bill Viola creó entre los años 1977-80[3].

En esta pieza la imagen muestra cómo una persona se aproxima caminando pausadamente a un estanque repleto de agua que está situado en el claro de un bosque. Cuando la persona llega a su borde se detiene momentáneamente y, al cabo de unos segundos, se impulsa y salta encogiendo su cuerpo pero, en ese preciso instante, la imagen se congela y el cuerpo encogido queda en el aire ocupando el centro de la pantalla una posición fetal. El tiempo pasa, la cámara continúa fija, y también el encuadre. *Toda la tensión de la escena se concentra en la entidad que flota. Parece que va a caer en cualquier momento, pero nada ocurre.*

El tiempo sigue pasando y se agotan la tensión y la mirada. Empiezan a escucharse entonces los sonidos del viento, de los árboles y del agua, que no han dejado de sonar desde que comenzó el vídeo; y se inicia también con ello un *deslizamiento en el foco,* pues en una escena en la que todo permanece estático, comienza ahora a apreciarse que la acción ha continuado produciéndose en los reflejos del agua

3 Enlace al vídeo *The Reflecting Pool:* <https://www.youtube.com/watch?v=GHdX7sApIMc>

que está enmarcada por el bordillo del estanque.

Se ven destellos fugaces, se vislumbran en el agua imágenes de otras personas caminando alrededor, pero *en realidad* nadie lo está haciendo, y aunque la luz cambie el color del agua donde se aprecian las ondas de todas estas imágenes, en el ambiente exterior todo sigue tal y como estaba.

El tiempo continúa pasando, se vuelven a agotar la tensión y la mirada, y se recuerda el hecho de que había un cuerpo en suspensión. Empieza a buscarse entonces aquel cuerpo, que estaba a punto de caer, pero *ese cuerpo se ha desvanecido.*

***

Bill Viola: "[Mi trabajo] está relacionado con la conciencia, la consciencia o el reconocimiento de que hay algo más allá, arriba, abajo o por debajo de lo que está frente a nuestros ojos, en lo que nuestra vida diaria se centra. Hay otra dimensión que simplemente sabes que está ahí, que puede ser una fuente de conocimiento real. Identificarla y buscar conectarme con ella constituyen todo el ímpetu que me mueve a cultivar y trabajar con exigencia. [...] Hay un mundo invisible ahí fuera y estamos viviendo en él" (en Bernier, 2014, p. 69).

2. Silencio y agencia

En los ámbitos de la filosofía y la sociología, se emplea la palabra *agencia* para referir la capacidad que tiene un *agente* de actuar en el mundo. Este agente puede ser una persona o cualquier otra entidad, también *ficticia o inexistente.*

El juego de la soga

El silencio siempre ha estado ahí, formando parte de lo común. No obstante, a pesar de su ubicuidad, la cuestión por el silencio no se convierte en centro de estudio sistemático hasta bien entrada la segunda mitad del siglo XX. Solo en aquel momento, con motivo del "fenómeno silencio" que se hizo *palpable* a propósito del impacto que tuvieron las guerras mundiales que marcaron esta época, las reflexiones críticas y los estudios académicos lo tomaron como eje de análisis: identificando tal fenómeno, y produciéndose gran cantidad de literatura al respecto, prácticamente, desde cualquier área de conocimiento.

Los ensayos que componen el libro *Lenguaje y silencio* (1994) de George Steiner fueron escritos entre 1958 y 1966. Este fue uno los primeros análisis que tomó como base la noción de silencio tratando "de relacionar el fenómeno dominante de la barbarie del siglo XX con una teoría general de la cultura" (Steiner, 2001, p. 48). A partir de entonces, tal y como observaron Thomas Bruneau (1973, p. 18) y Paolo Valesio (1985, p. 17), el interés en el silencio como objeto de estudio —especialmente en el ámbito de las ciencias humanas occidentales—, no cesaría de aumentar hasta bien entrada la década de los años 70, prolongándose a la de los 80.

Así, el tratamiento del silencio fue tan frecuente durante aquellos años que hay quienes han afirmado que su estudio no fue entonces más que una moda; pero una moda es algo transitorio, arrastra conciencias en su corriente y por ello se constituye, en cierta manera, en la ausencia de un criterio consciente.

Fuera de toda inercia, a partir de los años 90 el tratamiento del silencio se consolida y el interés que comenzó a mostrarse en él se prolonga durante, al menos, dos décadas más. De este periodo, que nos resulta más próximo, algunos de los estudios que cabe destacar han sido elaborados por: Adam Jaworski (1993, 1997, lingüística y teoría de la comunicación), David Le Breton (2009, antropología y sociología), Teresa Guardans (2009, filología y humanidades) o Doris Von Drathen (2004, crítica e historiadora del arte).

Observar los pormenores del recorrido que ha tenido el silencio al compás de los análisis más diversos permite alcanzar un punto de vista desde el cual poder observar también que, en tal conjunto, se han estado dando dos posiciones teóricas bien diferenciadas: abordándose, por una parte, el silencio como *elemento hermético* informándolo de modo negativo, diciendo de él lo que no es o todo lo que por él se anula o deja de ser; y por otra, asumiendo que el silencio es un *elemento comunicativo* que se resiste a ser definido, tratándolo como si este fuera una especie subsidiaria del lenguaje, o bien, como si constituyera un lenguaje en y por sí mismo que es preciso desvelar.

Pensemos ahora en la definición que Aristóteles da de la metáfora en su *Poética*, cuando dice de ella que es un vacío que relaciona, y que surge como *solución* a los límites con los que se tropieza el lenguaje. Pues bien, en *La Carta de Lord Chandos*, Hugo von Hofmannsthal consigue expresar esto mismo y lo contrario, ya que el problema que tiene Lord Chandos, que se ve en la obligación moral de dejar de escribir (silencio), lo tiene por ser poeta, por sentir con certeza que el lenguaje no tiene nada de pobre[4].

A la luz de lo que plantea Hofmannsthal y al hilo de lo que dice Aristóteles, puede observarse que el

4 "Se me fue volviendo imposible hablar sobre un tema elevado o general y pronunciar aquellas palabras, tan fáciles de usar, que salen sin esfuerzo de la boca de cualquier hombre. Sentía un inexplicable malestar con solo pronunciar "espíritu", "alma" o "cuerpo". [...] Las palabras abstractas que usa la lengua para dar a luz, conforme a la naturaleza, cualquier juicio, se me descomponían en la boca como hongos podridos. [...] Esa infección progresaba paulatinamente, como un mordiente orín. Incluso los juicios en conversaciones familiares y domésticas, que suelen darse superficialmente y con seguridad de sonámbulo, se volvían para mí tan problemáticos que debía evitar tomar parte en la conversación" (Hofmannsthal, 1981, p. 30).

silencio se plantea como una suerte de límite, un límite para todo lo que se vive como indecible, inexplicable, impenetrable o incognoscible, un límite que no es más que la metáfora de un exceso: el que se experimenta respecto de lo que no se puede abarcar o presenta dificultades para poder ser abarcado.

Lo poético en general y la metáfora en particular, son *a priori* actos del lenguaje, pero en *materia* de silencio, pues ambos casos revelan cómo *el sentido* trasciende los límites que las palabras, por sí solas, representan. Por tanto, no existe razón aparente para que lo hermético y lo comunicativo se presenten escindidos, tampoco para considerar que al silencio vaya aparejada una actitud de renuncia antes que de participación.

De acuerdo con Bernard Dauenhauer, el silencio es un lugar en el que se establecen y mantienen oscilaciones y tensiones entre el dominio de la expresión y los ámbitos pre-expresivos y post-expresivos de la experiencia (*Cfr.* 1976). En este sentido el silencio *se sostiene* como lo hace la soga en el juego de la cuerda: manteniéndose entre dos polos, uno que conjura y supone un límite, y otro que convoca y supone un ir más allá del límite.

Agencia primitiva

El silencio está actuando ahí donde los sentimientos, los estados de ánimo o las sensaciones se viven de un modo tal que se alcanza el paroxismo, pero no es esto lo único que ocurre con el silencio en sus términos más elementales o primitivos, pues también cabe identificarlo con el *motor* que pone en marcha todo nuestro aparato constitutivo.

La revelación máxima como enseñanza

En términos generales la mística viene a ser la experiencia *intuitiva y fruitiva* de un absoluto que suele identificarse con las nociones de *silencio, vacío, nada, unidad, totalidad* o *plenitud;* pues, si hay algo que sea común a la gran variedad de religiones, teologías y místicas que existen, ese algo está en el silencio (Panikkar, 1974, pp. 154-155).

El silencio es uno de los términos más utilizados para *significar* el Todo, sinónimo del Absoluto en Occidente, sinónimo también de ese Vacío del que se habla en la mayoría de las místicas de Oriente. En este sentido, podría decirse que tanto el silencio, como el absoluto o el vacío, están apuntando a *su verdadera realidad*, una realidad que no se nos presenta tal cual, está velada y permanece oculta, y de ella solo se puede tener consciencia cuando se experimenta.

Otra de las coincidencias entre Oriente y Occidente es que los místicos, en general, son conscientes, saben y transmiten que no es posible traducir en palabras lo que supone esta alianza con el más profundo de los misterios. El desvelamiento alcanzado es para ellos, en general, *incomprensible* en sí mismo, pero también es revelador de la *totalidad* frente a la cual, la metáfora del exceso de luz, que a su vez provoca la máxima oscuridad, dice de los límites de las capacidades que se tienen para aprehenderlo. Lo místico experimentado, por tanto, no puede expresarse mediante el lenguaje común, aunque del misticismo, que es así como se denomina al compuesto de conductas, prácticas y ejercicios que conducen a ello, sí que puede hablarse e incluso enseñarse.

Era costumbre, en la transmisión de *la enseñanza* entre los maestros de la escuela Ch'an, realizar una especie de examen a los discípulos que se presentaban como sucesores; y como se sabía que con el lenguaje directo no se puede expresar la esencia del universo, lo solucionaban haciendo que los aspirantes escribieran un brevísimo poema o *gāthā* para tratar de *mostrar* así el alcance que había tenido en ellos *la enseñanza*.

En la mayoría de los testimonios, las experiencias o las memorias escritas, puede observarse que la poesía es el medio elegido para tratar de aproximar al otro el misterio de lo místico vivido, y también, que la práctica del silencio es el camino o método a seguir para alcanzar el Todo. Así, el apartamiento del mundo, el recogimiento, el abandono del habla, la neutralización de la percepción sensorial y el discurrir mental, el ayuno, la desposesión de lo material o la anulación de los deseos son solo algunos, entre otros muchos, de los procedimientos.

La experiencia mística se constituye en un cúmulo de renuncias que promete la máxima retribución, aunque esta, nada tiene que ver con lo sensorial, salvo en su negación. La relación que el individuo tiene con el cuerpo en el camino es importante porque se progresa en la medida en que anula todo lo que concierne a la realidad inmediata de su aparato senso-perceptivo. Lo contrario a esto sería abandonarse, interesarse, volcarse o entregarse a lo mundano, y la agencia primitiva del silencio en relación con la inefabilidad e incomunicabilidad de lo más *espiritual* también se desenvuelve en ese otro terreno.

Una fuerza oculta pero manifiesta

El inconsciente, que opera en muchas ocasiones como protagonista de la vida psíquica, es mudo por definición, se oculta detrás de lo que decimos, hacemos o deseamos, y se expresa de forma tácita en nuestras acciones, en las decisiones que tomamos, en el comportamiento que adoptamos. De ahí que el silencio del inconsciente sea *un silencio efectivo*, *una fuerza oculta pero declarada,* que se encuentra en un espacio que está más allá de la simple oposición entre el silencio y la palabra, entre lo que se esconde y lo que se muestra (*Vid.* Freud, 1972a, 1972b).

Los procedimientos para la inteligibilidad del inconsciente, que comenzaron a desarrollarse y a aplicarse para desvelar y comprender el origen de sus motivos, arrancaron con las prácticas psicoanalíticas que, a principios del siglo XX, con Sigmund Freud a la cabeza, trataron de resolver mediante el análisis de sus interacciones, *las dificultades psíquicas y sociales que se derivan de sus equívocas metáforas.*

Así pues, la palabra inconsciente se utiliza tanto para clarificar cualesquiera sean los contenidos no presentes en el campo *actual* de la conciencia, como para referir la indefinición de todo aquello que se encuentra a medio camino entre lo primitivo y lo atribuido. No obstante, cuando se habla del inconsciente siguiendo a Freud, también se está designando uno de los sistemas de su primera teoría del aparato psíquico.

De acuerdo con Laplanche y Pontalis, los caracteres esenciales del inconsciente como sistema en esta, su primera teoría, podrían ser resumidos así: sus contenidos son representantes de las pulsiones, y suelen estar regidos por la «condensación» y por el «desplazamiento»; donde con el término «condensación» se está expresando que una única pulsión representa por sí sola varias cadenas asociativas con carga psíquica propia; y con el término «desplazamiento», se está refiriendo el mecanismo de defensa psíquica que se activa cuando la mente percibe como peligrosos o inaceptables determinados objetos y/o representaciones para actuar redirigiéndolos, involuntariamente, hacia los que percibe como aceptables e inofensivos. Conviene subrayar que, el sistema de lo inconsciente, en esta primera tópica, se distingue por estar fuertemente cargado de energía pulsional que busca realizarse, aunque en ocasiones solo logra retornar a la conciencia y a la acción después de haberse sometido esta energía a las deformaciones de la censura (*Cfr.* 1974, pp. 200-203).

En el segundo sentido tópico, es decir, en la segunda teoría del aparato psíquico freudiano, las agencias del inconsciente se redistribuyen en función a las tres instancias psíquicas que, según el fundador del psicoanálisis, estructuran al ser humano: el *ello*, el *superyó* y el *yo*. Así, con el *ello,* Freud se refiere a todo lo inconsciente, es decir, al conjunto de deseos, impulsos e instintos más primitivos, ocultos y soterrados que hay en el ser humano. El *ello* se mueve por el principio del placer y su satisfacción, pero al ser esta su única motivación, entra a menudo en conflicto con las otras dos instancias que forman parte de la persona y que se han ido distinguiendo en ella a lo largo de su desarrollo psíquico: el *superyó*, que es la instancia moral, enjuiciadora y censora, que prohíbe y regula las realizaciones del *ello* ajustándose a un cierto sentido del deber-ser que tiene cada persona; y el *yo*, que media y se forma en la tensión que se da entre las fuerzas de las pulsiones del *ello*, las presiones normativas del *superyó*, y las exigencias del estar en contacto con todo/s lo/s demás. Así, aunque en el *yo* se englobe la *totalidad* de la persona, el papel de mediador que constantemente ejerce entre las fuerzas del *ello*, del *superyó* y de todo lo considerado como externo (las otras realidades que son el entorno y las demás personas), le hacen tener una autonomía puramente relativa, algo que, por otra parte, también puede hacerse extensible al hecho de que, muchos de los desajustes que se producen en la vida de los individuos en sociedad, tienen que ver con la inadecuación entre sus imperativos individuales y los imperativos a los que, por presión social, deben replegarse.

En síntesis, la teoría psicoanalítica intenta explicar la *génesis* del yo según dos registros: en uno, el yo es considerado como un aparato adaptativo, diferenciado a partir *del ello*, y en virtud del contacto con la realidad exterior; y en el otro, el yo es definido como el resultado de identificaciones que explican los conflictos que conducen a la formación de la persona.

En cuanto a lo que nos concierne, lo que es destacable en ambos registros es que lo inconsciente, como lo pulsional más primitivo, censurado por el ello y, por tanto, oculto o latente en el yo, revela que *nuestra sujeción al silencio condiciona, en sus inexpresiones, el conjunto de todas nuestras expresiones* (*Vid.*, Nasio, 2010; Herrera, 2018).

Sonidos indiferenciados y repetitivos

Suele ocurrir, cuando se viven emociones y sentimientos de una forma especialmente intensa, que el lenguaje —entendiendo por tal la expresión mediante un conjunto de palabras ordenado y coherente— no media.

Se han producido varios estudios que señalan cómo el amor, el deseo, la alegría, la tristeza, el miedo, la angustia, la ira, el resentimiento, la envidia o la vergüenza, acostumbran a manifestarse en el silencio, con sonidos indiferenciados y repetitivos, o mediante erupciones expresivas tales como el grito o el llanto (en Bruneau, 1973, p. 34; Le Breton, 2009, p. 184). Estas reacciones, mediante las cuales muchas personas hacen frente también a la violencia, son comunes en la mayor parte de las culturas, pues el lenguaje tiende a hacerse pedazos ante la vivencia de lo que nos *impresiona*, ante la experimentación de un suceso potencialmente traumático.

Con la palabra trauma se refiere la idea de una persona devastada por una vivencia real que la invade, que no puede aceptar, resolver o integrar, y que termina por afectar negativamente al resto o a parte de las otras vivencias que tenga en el curso de su vida diaria. Así, aunque la reacción más frecuente al trauma sea recibirlo y expresarlo mediante un silencio que aparentemente no *incorpora* contenidos, es a través de ese mismo silencio como la persona *involuntariamente expresa* que tanto esa situación, como el estado en que la deja, le superan. Este silencio puede funcionar rompiendo las distancias, constituyendo una apelación a la sensibilidad del otro y a su empatía, pero puede actuar también creándolas, erigiendo una especie de muro infranqueable como estrategia defensiva en condiciones de vulnerabilidad psíquica (Asp y De Villiers, 2010, p. 7).

Las agencias primitivas del silencio se efectúan así, fuera de lo que es puramente lenguaje y que, sin embargo, se expresa. En este sentido, el silencio no es solo una reacción inmediata, pues al *actuarse* junto con otras formas de comunicación indirectas, presenta ciertas ventajas expresivas al ir más allá de los límites que el lenguaje impone en su oralidad.

Siguiendo a Max Colodro "el sentido común parece indicarnos que hay algo más, que algo se ubica definitivamente fuera de la palabra. En caso contrario, deberíamos aceptar que *todo lo que es,* es puramente lenguaje" (2000, p. 13).

Agencia comprensiva

Tanto para el poeta George Oppen como para Hannah Arendt, la máxima aspiración del ser humano ha de ser la comprensión, pues solo mediante esta acción tiene lugar ese atento e impremeditado enfrentamiento con la realidad del que se deriva todo conocimiento (Cfr. Arendt, 1999, p. 10). El silencio que ocurre más allá de lo que son sus agencias primitivas se realiza de forma comprensiva, por medio de toda clase de atribuciones. Todas nuestras vivencias integran procesos emocionales, racionales e intelectuales que no tienen por qué ser de carácter explícito ni de carácter estrictamente empírico. El hecho de reconocer y lograr integrar este silencio supone una ganancia en términos comprensivos y, cómo no, cognoscitivos.

Las grandes preguntas

La cuestión de los límites con relación al conocimiento ha sido siempre una constante en la historia del pensamiento occidental, y es por ello por lo que su naturaleza y el lugar donde se han situado presentan numerosas variaciones.

Muchos autores contemporáneos distinguen entre los límites que son infranqueables y los que lo son solo en apariencia, siendo esta una de las primeras consideraciones a tener en cuenta a la hora de identificar cuáles puedan ser las agencias que el silencio comporta.

Nos encontramos, por ejemplo, con la diferenciación entre límites absolutos y límites situacionales que hace Sergio Rábade (1998), o la de Jesús Mosterín (1999), que es la misma, aunque se refiere a estos últimos como límites fácticos; por su parte, Jorge Wagensberg (2003) desde el campo de la física, distingue entre el azar epistemológico y el ontológico; o Graham Priest (2002) quien, otra vez desde la filosofía, considera que los límites del pensamiento pueden ser agrupados en cuatro bloques estrechamente interconectados: los límites de lo expresable, los límites de lo iterable (o infinito en sentido matemático), los límites de lo cognitivo y los límites de lo concebible.

Para Rábade los límites absolutos son los que pertenecen a la dimensión teórica del ser humano, se imponen al conocimiento mismo, son inaccesibles al pensamiento y a la imaginación, y representan todo lo que es irrebasable, irracional e incognoscible. En cuanto a los límites situacionales (o fácticos), que pertenecen a la dimensión práctica, plantea que se imponen debido a las limitaciones que presenta el ser humano a la hora de comprender, conocer y transmitir determinadas cuestiones o en determinadas circunstancias.

Por lo que respecta a Wagensberg, toma por azar epistemológico lo que serían límites fácticos: ignorancia, observaciones torpes o debilidad de cálculo aunque, según él, tales límites se van redefiniendo en la medida en que se produzca algún desarrollo o mejora en nuestro alcance cognoscitivo. Wagensberg considera que la idea de la complejidad del mundo es aprehensible, aunque no lo sea el desbordamiento que experimentamos al tratar de comprender el exceso que reconocemos en ella. Graham Priest, quien no establece dos sino cuatro distinciones, explica que los procesos conceptuales que se siguen de ellas hacen cruzar, en todos y cada uno de los casos, los límites del pensamiento que, en un principio, esos propios límites ya señalan como infranqueables.

En suma, siempre hay algo que queda fuera del alcance del conocimiento y que es potencialmente cognoscible debido a la discontinuidad con que lo concebimos y a la discontinuidad que presentan los límites de nuestras capacidades cognoscitivas. Asimismo, conviene subrayar que la cuestión de los límites es relativa en sí misma porque se aborda de forma distinta en cada época, mientras que la función del silencio como metáfora de lo incognoscible y lo incomprensible sí que se mantiene fija a través de todos los tiempos.

El reconocimiento

A lo largo del siglo XX se tenía por habitual confundir lo incognoscible con lo incomunicable, porque lo que de algún modo se puede comunicar también se puede conocer, cuanto menos, en el reconocimiento de su existencia.

Eugenio Trías recoge esto en sus planteamientos. Así, desde su punto de vista, el conocer humano se despliega en dos cercos que se tocan en una zona fronteriza. Estos cercos son: el del aparecer, que se corresponde con el mundo de la existencia, que se forma y se conoce en función de la misma y que es el cerco de la vida; y el cerco hermético, que representa lo que está más allá del lenguaje y del sentido, que es la realidad que no está ordenada por el ser humano y que constituye por tanto, "la experiencia misma del misterio, de algo que como tal no puede comparecer como presencia" (1991, p. 500), pero que se manifiesta en revelación simbólica o contenido experiencial mediante diversas figuras y formas.

La nada, el vacío y *el claro* fueron las palabras escogidas por Heidegger para designar el misterio de lo incognoscible, ya que la poética inherente a estos términos le permitía jugar con ampliaciones y diversificaciones de sentido. Tales zonas de *in-definición*, que el autor distinguió para dar cabida a la cuestión del sentido del ser, situaban su pensamiento en un terreno muy próximo al de la mística, pero en esta existe una inclinación al tratamiento del mundo como fenómeno accesorio que Heidegger no secundaba, siendo también que la inabarcabilidad del ser justificaba la pertinencia de un *hablar silente* que la mística no reconoce —aunque sí lo haga el misticismo— en la palabra poética, que *actúa*, para Heidegger, como *aparición de lo indecible dejando a lo que es que sea*.

Desde una perspectiva diferente, Wittgenstein también mantuvo la idea de que la palabra poética constituye la posibilidad de una expresión lingüística aproximativa a *lo que no se puede decir en tanto que solo puede mostrarse*. De acuerdo con él, las acciones *hablan* ya por sí mismas, y como en el lenguaje poético sus proposiciones son ambiguas, en él tienen cabida rasgos esenciales en materia de ética y estética —las dos cuestiones que verdaderamente importan— que no la tienen bajo la no-ambigüedad de que son objeto las proposiciones científicas. El lenguaje poético según Wittgenstein es *más una acción de mostrar que de decir*, de ahí que la posibilidad de comprehender el mundo se mantenga en su silencio (*Vid.* 2009, p. 137).

Concediendo plaza

Teresa Guardans se ha volcado en rastrear cuáles son las condiciones bajo las que se produce el «conocimiento silencioso». En su estudio *La verdad del silencio. Por los caminos del asombro* (2009) advierte que la cuestión central no está en qué podamos o no conocer, sino en qué estrategias ponemos en juego para poder ampliar el alcance de nuestro conocimiento.

El «conocimiento silencioso» se funda en el mantenimiento de una relación de peculiar sensibilidad hacia todo/s lo/s demás, y este se origina, fundamentalmente, en el asombro. El desarrollo de una «inteligencia sentiente» como la que describió Xavier Zubiri (1980), o la puesta en práctica de la «razón-poética» como la que proponía María Zambrano (1993), son dos formas de realización comprensiva concernientes al silencio que remiten a esta misma cuestión destensando la polaridad entre lo racional y lo emocional al valorar que su función es equivalente en términos epistemológicos.

La dinámica de mirar lo familiar, lo común y lo rutinario con extrañamiento, de buscar, observar y reaccionar frente a ellos como si fuera la primera vez que los experimentamos, provoca que surjan nuevas perspectivas comprensivo/cognitivas respecto a lo que creemos tener por conocido. Así, cuando uno pone en práctica esta especie de actitud perceptiva, tiene lugar una suerte de *emergencia estética*, pues afloran del silencio agencias tales como las que se dan en toda *verdad no intencional*, en los detalles más ínfimos, en lo insignificante, en la realidad que revela lo que ha dejado de ignorarse, en lo que se obvia por irrelevante, en lo que Marcel Duchamp llamó *infraleve*, en todo lo que se presume como *inesencial*.

Conceder potencia a esta clase de silencios desde una actitud también silenciosa, esto es, haciendo *tabula rasa*, no simplifica las cosas, pero supone un aumento en lo que el mundo está por ofrecernos, en lo que se puede conocer, y en el desarrollo de nuestra capacidad para comprender.

Algo forzosamente vivo

Las vivencias traumáticas generan un vacío en nuestro sistema comprensivo que llega a tener efectos tardíos, imposibles de controlar sino con dificultad y, tal vez, imposibles de dominar plenamente. No obstante, incluso en estas situaciones, que son de un carácter muy primitivo y que presentan, además, la más enorme de las resistencias, el silencio como agente comprensivo también muestra tener la capacidad de abrir caminos potenciales.

En circunstancias comunes, es decir, cuando una vivencia no es violentamente extrema, la *experiencia* deriva de la síntesis del conjunto de las sensaciones que se han percibido, así como del sentido que a esto atribuimos. Sin embargo, cuando una vivencia sí que es extrema y se produce sobre nosotros con violen-

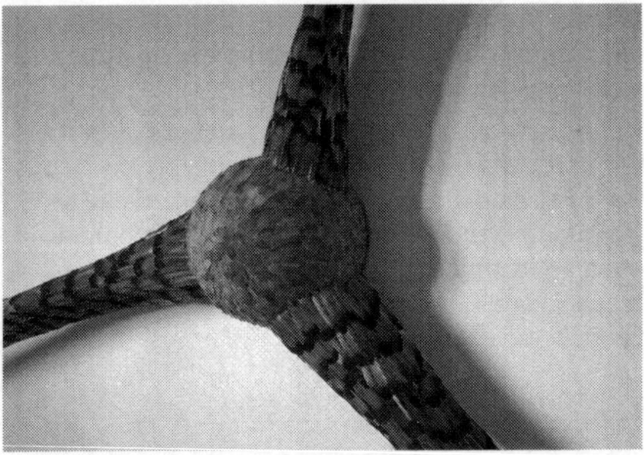

(3)

cia, esta circunstancia puede provocar *fallos de comprensión* en lo relativo al conjunto de las sensaciones percibidas, vulnerando así los procesos de dotación de sentido, de asimilación y de integración, que hacen posible que vivencias como estas se conviertan en *experiencias.*

A propósito de su agencia primitiva el silencio es el espacio en que se mueven los extremos de la experiencia humana y del lenguaje, pues quien padece un trauma siente desconcertado lo que no puede representar. A este respecto, el silencio interviene en términos comprensivos en el arduo, largo y complejo proceso que requiere la neutralización de una vivencia semejante, pues esta deja de corresponderse con lo violentamente ininteligible, confuso e incomprensible para mostrarse como síntoma de algo que está atascado y lucha por *salir*.

La elaboración de todo trauma conlleva la transformación del silencio que actúa como principio constringente en expresión, de esta manera, significando y comprendiendo ese primitivo silencio, comienza a trazarse un trayecto donde el vacío que el trauma ha abierto tiene la posibilidad de resignificarse convirtiéndose en exterioridad.

Prisioneros de lo omitido

La violencia con la que se imponen los totalitarismos o cualquier otro régimen de opresión social y supresión ideológica, así como el irrevocable impacto que tienen sobre el conjunto de quienes no han tenido por más que someterse bajo sus dominios, explican el hecho de que los traumas lleguen a alcanzar proporciones históricas, siendo el conjunto de toda una sociedad quien los sufra y los tenga que afrontar.

No es de extrañar que sea común al conjunto de las políticas totalitarias tomar por objeto el silencio para convertirlo en una poderosa herramienta de control y de acción para expandir la dominación: la manipulación de los lenguajes, la censura, la privación de la palabra, la represión del pensamiento o el intento por eliminar la memoria material e inmaterial de otras comunidades o pueblos, son tan solo algunas de las acciones de las que se sirven para tal efecto (Jaworski, 1997; Gruss, 2010).

Cualquier régimen totalitario es un modelo de privaciones, pero nótese que todos ellos son también, un modelo para la privación del silencio en sus realizaciones. La destrucción y quema regular de libros, en la medida en que estos son representación del saber transmisible de una cultura, es una de las acciones simbólicas que más comúnmente se ha dado para el quebrantamiento del acervo cultural *del otro*. Tan solo por mencionar algunos de los episodios que dan cuenta de lo reiterativa que ha resultado ser esta práctica a lo largo de la historia: los Archivos Nacionales y la Biblioteca Coránica de Bagdad (Irak) fueron incendiados en el año 2003; en el 2002 el ejército israelí atacó el Centro Cultural Khalil Sakatini en Ramallah (Palestina) y destruyó con ello su biblioteca; en 1998 en Afganistán, donde las tropas talibanes echaron abajo la Biblioteca de la Fundación Nasser Khosrow; en 1992, cuando tuvo lugar el ataque a la Biblioteca Nacional de Sarajevo, de la cual tan solo quedaron sin destruir alrededor de un 10 % de sus documentos, y un largo etcétera (*Vid.* Civallero, 2009).

En el marco de los totalitarismos todos los sistemas de representación y comunicación se regulan formal y discursivamente en favor del imperio de sus ideologías, pues la imposición de un régimen de estas características necesita que se construya una *nueva realidad* donde sea *suyo* todo lo que la nombra, la define, la expresa o la conforma. Así, *el poder que tiene la cultura cuando se la recluta y se transforma en propaganda* puede observarse en la implantación de cualquiera de ellos (Traverso, 2001), algo que modélicamente ocurrió en el caso del Tercer Reich, cuya hegemonía ideológica no habría aumentado ni se habría consolidado de no haber instrumentalizado todo medio de comunicación, toda realización cultural, todo arte, toda libertad.

Al hilo de este ejemplo puede observarse cómo, con el fin de orientar la actitud y la conducta de la población civil, el partido nazi se sirvió de la profunda relación que existe entre arte y vida. Tratando que la influencia de su discurso no se extendiera únicamente desde lo público, las cajas de cerillas, los lápices y toda una serie inacabable de objetos domésticos, de carácter privado y con presencia en lo cotidiano, fueron resignificados simbólicamente en su uso por los lemas que el partido estampaba sobre ellos: «Alemania, ¡despierta!» era el más común de los publicitados[5].

Por otra parte, la reducción del número de periódicos y revistas publicados durante los primeros meses del Tercer Reich una vez realizada la purga intelectual, comenzó a aumentar de nuevo, pero bajo la difusión de sus mensajes; y con este mismo propósito, a través de la sección denominada *Fuerza Mediante la*

5 Dietrich Eckart fue el primero en usar la expresión «Deutschland Erwache!», que figuraba en la gran mayoría de los estandartes del partido (Michaud, 2009, p. 139).

Alegría, se gestionaba el tiempo de ocio de la población preparando giras culturales para los trabajadores con billetes de viaje y hoteles de tarifa reducida. *Su teatro* se transportaba a cualquier parte, y los actores, que montaban los escenarios en las plazas de los pueblos, actuaban llevando botas militares.

Tal y como observa Peter Adam "el terror quedaba eclipsado por un alud de festejos, actos públicos y espectáculos folclóricos" (1992, p. 73); y es que el ejercicio de una *política de la atención desviada* constituye una doble forma de *engaño*, pues no solo nos convertimos en *prisioneros de lo que vemos*, nos convertimos también en *prisioneros de lo omitido*[6].

Agencia configurativa

El ser humano necesita crear nuevos mundos que le ayuden comprender la realidad, pero no hay que perder de vista que la creación de un segundo mundo siempre apelará a la experiencia obtenida en otro que lo haya precedido (*Cfr.* Ortega, 1964). Las artes, que funcionan así, configuran nuevos mundos teniendo como referencia *el mundo actual*, y nos ofrecen *asistencia* en nuestra *actual* relación con él. En este sentido, el silencio alcanza a desarrollar la mayor parte de sus agencias configurativas mediante las artes,

6 "El fenómeno es claro en el funcionamiento de los lenguajes totalitarios. Menos claro, pero no menos real, en el de los presuntos lenguajes democráticos o liberales" (Valente, 1995, p. 15).

pues son las artes, con sus nuevos mundos, las que posibilitan hacer *nuestros* los silencios que son objeto de lo primitivo, y las que también hacen viable que se produzca la reconquista de los que, en términos cognitivo-comprensivos, puedan resistírsenos.

Construir un objeto

A propósito de la desembocadura generalizada en el silencio que se produjo tras los dos grandes conflictos bélicos del siglo XX, autores tales como George Steiner (1994), Günter Grass (1999) o Elie Wiesel (2012) defendieron la causa de que aquella tragedia ni se podía ni se debía representar. Mediante el despliegue de todo un vocabulario crítico asociado: indescriptible, inefable, inmencionable, inexplicable, inabarcable, incomprensible, incognoscible, inimaginable... ellos y muchos otros trataron de transmitir que el límite silencio era la única vía mediante la cual expresar la imposibilidad y la intrínseca inadecuación de los lenguajes a la realidad del trauma. La única vía desde la cual mostrar un respeto.

Berel Lang (2000), Saul Friedländer (1992) o Michael Rothberg (2000) son estudiosos que también han adoptado la postura del silencio como límite ético, pero con diferencias sustanciales. Según ellos, la representación de la vivencia traumática sí que es posible, aunque debe ampararse en ciertos límites. No obstante, y a pesar de estas producciones teóricas, la necesidad de crear otros mundos para comprender se hace presente en el caso de las vivencias traumáticas porque también se tiene la necesidad de elaborar la realidad vivida para poder superarla, y esto provoca que se busquen *otras formas de expresión que permitan exteriorizar el motivo de la opresión*.

En este sentido, autoras como María del Carmen Castañeda (2013) o Yasmin Ibrahim (2009) defienden que la representación artística es pertinente y que ha de tener lugar, además, que las artes son el medio que más comúnmente se utiliza a la hora de externalizar el trauma. Para ello se apoyan en la enorme cantidad de evidencias que presentan las artes a través de sus obras, y por ello infieren también que las artes cumplen una función en cierto punto sanadora.

Al mismo tiempo, quienes han centrado los esfuerzos de sus investigaciones en explorar cuáles son los beneficios que, en términos sociales e individuales, pueden ofrecer esta clase de representaciones, han concluido que la representación es un factor ineludible para la superación del trauma, y que las artes facilitan este proceso. Para Brett Ashley Kaplan (2011), Shelly Hornstein, Laura Levitt o Laurence Silberstein (2003) el silencio, argumentado al modo en que lo hacen teóricos tal que Steiner, es una fuerza paralizante que ni siquiera ellos han sido capaces de contener: pues no han cesado de hablar, escribir o representar aquello de lo que, según dicen no es posible decir, mostrar, expresar.

En 1949 Maurice Blanchot escribió: "la literatura tiende precisamente a construir un objeto. Objetiva el dolor constituyéndolo en objeto. No lo expresa, *lo hace existir en otro mundo*, le da una materialidad que ya no es la del cuerpo sino la materialidad de las palabras por las que se significa la inversión del mundo que el sufrimiento pretende ser" (1992, p. 9).

La ficción en las artes —o lo que las artes puedan tener de ficcional— no solo promueve el acercamiento entre quienes hayan compartido o no esta clase de vivencias, también permite y posibilita el alejamiento que es necesario alcanzar. Por ello, la literatura de ficción abre una ventana a la elaboración del trauma, impulsa a quien escribe a *decir*, y a quien lee enseña a *escuchar* lo que solo se puede contar de forma indirecta. Por todo ello, en lo que respecta al trauma, las artes no funcionan de un modo meramente documental, su operación es algo contraria, pues más bien se *encargan* de crear otros mundos donde se hace del todo visible que la función asignada a la vieja idea de verdad, de poco sirve para lidiar con esas otras verdades que las ficciones contribuyen a revelar.

Todo parece indicar que, aunque sea *torpemente*, es imprescindible que la representación tenga lugar: porque *solo comprendemos lo que convertimos en exterioridad* (Arendt, 2005), porque si no se representaran las situaciones extremas que se encuentran en los límites del lenguaje se correría el riesgo de disminuirlas en lugar de subrayar su importancia, porque a través de los actos de representación las personas los asimilan y la memoria de las comunidades se consolida, porque es en las *con-figuraciones* del silencio donde podemos encontrar la posibilidad de *recomponer* y superar las *des-configuraciones* que atenazan los afectos y el intelecto.

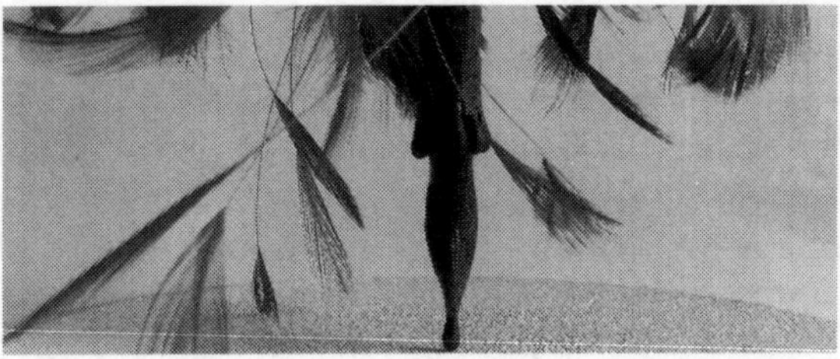

(4)

En estos casos, la agencia configurativa que comporta el silencio se pone de manifiesto a través de las artes creando nuevos mundos que *nos asisten* allá donde nuestra relación con el más inmediato provoca o incurre (en) una *falta*. Por tanto, las artes *nos sirven* cuando nos vemos en la necesidad de enfrentar realidades que, de algún modo, se nos resisten, porque abren caminos discursivos cuando la expresión común se reprime y porque además tienen la capacidad de acoger, proyectar y suscitar toda clase de emociones.

Hacer Historia

El número de propuestas artísticas vinculadas a la tragedia del Holocausto es muy superior al de las que se han realizado, por ejemplo, en torno a los campos soviéticos de trabajo forzado o Gulag (1918-1956)[7]. Lo mismo sucede con los estudios e investigaciones de corte académico, las contribuciones historiográficas, y el tratamiento que se ha hecho de ello en el más extenso ámbito de lo literario.

Los motivos por los que la cuestión de los Gulag es menos conocida y por los que también ha *gozado* de menor popularidad entre otros asuntos de corte similar, son varios, y de orden distinto. No contribuyeron las circunstancias en que se produjo la clausura de los campos de concentración y exterminio nazis, pues la ciudad de Berlín terminó por sucumbir ante la ofensiva soviética; tampoco ayudó el hecho de que el cierre de los Gulag se produjera después, ni que su denuncia fuera del todo inviable hasta bien entrados los años 70, acusación que, entre otras cosas, fue

7 El territorio ruso estaba salpicado de campos de trabajo prácticamente en su totalidad, dándose la mayor concentración al noroeste y quedando como zona más despejada la del norte en la parte oriental. Los Gulag se nutrían, en su mayor parte, de presos políticos. El momento de mayor apogeo comenzó en el año 1936, cuando podían contarse alrededor de unos cinco millones de prisioneros, cifra que no dejó de ir en aumento año tras año. Solo hasta el momento en que murió Stalin, fueron enviadas a cumplir condena entre 40 y 50 millones de personas y se estima que al menos la mitad de ellas terminó su vida en los campos.

posible gracias a la filtración clandestina del libro *Archipiélago Gulag*, que se fue publicando en tres partes consecutivas durante los años 1973, 1975 y 1978 (Solzhenitsyn, 1997)[8]. A todo esto cabe añadir el hecho de que la cantidad de fondos institucionales dedicados a dar soporte a las cuestiones relacionadas con la memoria del Holocausto dista mucho de ser comparable a la de los que se han destinado a resolver el trauma histórico de los Gulag; dándose a conocer, la fatalidad histórica de los campos de concentración y exterminio nazis, entre otra multitud de acciones, mediante las (también) múltiples contribuciones realizadas por artistas sensibles a la tragedia. Es el caso, por ejemplo, de los internacionalmente conocidos Christian Boltanski, Judy Chicago, Anselm Kiefer, Claude Lévêque, Rachel Whiteread o Shimon Attie.

Las circunstancias en que se dio a conocer el caso de los Gulag y en las que se han dado a conocer —de haberse hecho— otros episodios relacionados, llevan a valorar de un modo especial la *agencia comprensivo-cognitiva* que muestran llegar a ejercer las manifestaciones artísticas y/o culturales en casos como estos. La creación y difusión de crónicas como la del

8 En este texto, en el que se mezclan los testimonios del propio autor, Aleksandr Solzhenitsyn, con los recogidos mediante entrevistas a 227 personas que sobrevivieron a los campos, se pone al descubierto el sistema de prisiones soviético, el terrorismo de estado y la arbitrariedad, brutalidad e impiedad de la policía secreta durante los años en que los Gulag se mantuvieron activos.

Archipiélago Gulag de Alexander Solzhenitsyn son un fiel reflejo de cómo puede verse comprometida la forma en que se hace el *dis-curso* histórico, pues estas se imponen a la Historia oficial, a la Historia de los datos y de lo descarnado con toda la fuerza de su expresión.

Michael Govan, presidente y director de la *Dia Art Foundation* de Nueva York, recuerda haber pensado a propósito del trabajo de la artista Ann Hamilton, que "la adquisición de la civilización humana, la noción de progreso y la invención de lo que es la humanidad, deben ser atendidas (como cualquier otra adquisición) a través de la pérdida correspondiente" (1995, p. 55). La *performance* que tuvo lugar durante la exposición *Índigo Blue* (1991), que Hamilton realizó en el marco del *Spoleto Festival* de Carolina del Sur, tiene mucho que ver con esta cuestión, pues la artista dispuso, en uno de los extremos de la sala, una mesa sobre la que una serie consecutiva de personas llevaban a cabo la acción de borrar el texto de tantos libros de Historia como pudieron mientras duró la exposición del mencionado proyecto.

Así, poniendo en cuestión una idea de historia que se escribe con mayúscula, los *performers,* que se iban turnando, hacían uso de una goma de borrar y de su propia saliva para hacer desaparecer el texto contenido en los libros sin destruir el lugar de la página.

De esta manera, en la realización de un sencillo y reiterativo gesto, Hamilton alcanza a mostrar en su exposición que la historia de lo personal que va de boca en boca puede cambiar por entero la concepción que tengamos de la Historia; y, que en la metáfora de la destrucción de la Historia del mundo está contenida la metáfora de la creación de un mundo en blanco que está por *rehacerse* y, por tanto, por *reescribirse*.

El contacto con el otro

Da la impresión de que, tanto a finales de los años 50 como a lo largo de la década de los 60, se pensara que el *contacto con el otro*, tanto en el teatro como en el cine, podía reforzarse gracias a las *subjetividades* que mostraban las palabras puestas en la acción de los gestos y el movimiento de los cuerpos. Las fórmulas que la literatura había plasmado en el torrente de diarios, memorias, autobiografías y otros tantos registros literarios que surgieron al término de ambas guerras mundiales —debatiéndose, en muchos de los casos, entre los límites de lo real y lo ficticio— comenzaron a ser representados de estos otros modos de acuerdo a tal fin.

Así, en las salas de cine, el tratamiento de las vivencias traumáticas también tuvo su protagonismo, sobre todo en el ámbito de la cinematografía popular americana. A diferencia de lo que sucedió cuando la Primera Guerra Mundial hubo finalizado, al término de la Segunda, a solo un año de distancia respecto al conflicto, las películas a las que atendía la gran mayoría de la ciudadanía estadounidense ya contenían mensajes explícitamente antibelicistas. Si bien es cierto que la producción en aquella época se veía favorecida por el asentamiento de la cinematografía como medio, y beneficiada por la situación económica de los Estados Unidos, el hecho de que en el mundo del cine se reaccionara críticamente y con prontitud respecto a esta cuestión, se debe también al rechazo que siempre se tuvo a que se diera una segunda guerra, y también a que el fenómeno del *Shell shock* o neurosis de guerra —tema de base para muchos de los *filmes*— fuera ya un problema conocido, interiorizado y consolidado como parte del imaginario social.

En 1946, *Los mejores años de nuestra vida* de William Wyler se consagró como una de las películas más vistas en la historia de Hollywood. El germen de su relato que tematiza, entre otras cosas, la neurosis de guerra, se encuentra en un artículo que se publicó en la revista *Time,* en agosto de 1944. Así, esta película muestra los problemas de adaptación a la vida cotidiana que presentaban la mayor parte de los soldados que volvían de la guerra a casa, revelando de este modo algunos de los dramas humanos que permanecieron ocultos y eclipsados por la alegría social que proporcionaban las victorias conseguidas en el campo de batalla.

No obstante, del interés por los relatos autobiográficos y los diarios íntimos no solo surgieron películas como la mencionada, cuyo éxito radicaba en que los espectadores fácilmente podían identificarse con sus historias sintiendo además una especie de alivio en el reconocimiento público de sus vivencias; emergieron también otra clase de películas, que al margen de la normatividad y del abrigo de la industria cinematográfica, pudieron desarrollar nuevas formas de expresión en relación a lo íntimo, a lo que se sentía como *privado*, a lo cotidiano como lo más vivo y real por inmediato.

De esta suerte, las prácticas del cine experimental independiente trataron de buscar códigos de representación que aportaran a la expresión de experiencias propias de todo tipo una profundidad mucho mayor. Las primeras manifestaciones autobiográficas o de memorias fílmicas, lo que luego se convertiría en un cine de lo íntimo o lo confesional, se produjeron desde ahí (Sánchez-Biosca, 2004, p. 212). Entre los artistas que contribuyeron al desarrollo de esta nueva tendencia se encuentran James Broughton, Christopher Maclaine, Sidney Peterson, Maya Deren o Marie Menken, quienes continuarían explorando los temas mencionados derivando sus lenguajes en algo que ha continuado generándose, ya en la actualidad, desde un terreno ambiguo e indefinido: entre el cine, el videoarte y el problemático género del documental.

Uno de los ejemplos más emblemáticos lo podemos encontrar en la obra temprana de Sadie Benning quien, a principios de los años 90, realizó sus primeras grabaciones con la cámara de vídeo *Fisher-Price* que su padre le había regalado. Todas las composiciones fílmicas que llevó a cabo en sus primeros momentos las hizo por montaje directo, mezclando relatos de historias personales o cercanas con imágenes televisivas. Atendiendo a sus *filmes*: *Living inside* (1989), *Me and Rubyfruit* (1990) y *Jollies* (1990), puede apreciarse cómo, a través de la elaboración de tales *configuraciones*, Sadie Bening declara sus inclinaciones y aprende a aceptar su identidad homosexual (*Cfr.* Cerezuela, 2010). El contacto con la cámara significaba el contacto con el otro por objeto interpuesto, siendo esta mediación lo que en muchos casos hizo posible compartir lo que habría resultado violento exponer de forma directa.

Indicativos mínimos

Muchos artistas contemporáneos han orientado su trabajo en la dirección de mostrar conflictos y dificultades de índole propia, íntima y personal, como indicativos mínimos de los problemas que estas cuestiones pueden llegar a representar para la sociedad; mientras, otros han optado por intentar alcanzar con sus obras el mismo objetivo invirtiendo esta fórmula, pues han hecho de *los (aparentemente) otros* conflictos, dificultades y problemas políticos y sociales, los suyos, intentando alcanzar así el máximo de sensibilidades posible.

Doris Salcedo, Concha Jerez o Teresa Margolles son solo algunas de las artistas que muestran con su trabajo lo acuciante que es el trato de problemáticas que ponen en tela de juicio la sensibilidad social, una operación que también lleva al cuestionamiento de la sensibilidad más propia.

Estos principios fueron los que motivaron también a Alfredo Jaar a viajar a Ruanda unas semanas después de que finalizara el genocidio que se dio entre hutus y tutsis. Aunque su estancia en aquellos territorios no se extendiera mucho en el tiempo, aquel viaje duraría para él más de cuatro años, que fueron los que empleó en tratar de resolver el conjunto de obras que formarían parte del comprometido *Proyecto Ruanda* (1994-1998).

Cuando Jaar abandonó aquel país experimentó una transformación en su manera de concebir la representación pues, según cuenta, allí tomó más de tres mil fotografías y grabaciones de las víctimas, supervivientes y testigos, en las que no había logrado recoger, y que a su juicio no conseguían transmitir, los sentimientos ni las ideas de las personas que vivieron la monstruosidad de aquella tragedia (Balken, 1999, p. 17).

Negándose a representar la carnicería del genocidio para evitar alimentar con ello el *voyeurismo* que suelen suscitar las imágenes de lo explícito; con la certeza de que en la actualidad la imagen fotográfica por sí misma ha perdido la fuerza de su alcance debido al uso que hacen de ella los aparatos mediáticos, políticos y sociales; y con el convencimiento de que es necesario "contextualizar cada imagen de manera precisa, enmarcarla para que tenga sentido y no sea ignorada" (Monegal, 2007, p. 207), Jaar se dispuso a *configurar Real Pictures* (1995), una de las primeras instalaciones que trataban de *reflejar* lo ocurrido.

El elemento principal que constituye esta obra son algunas de las fotografías que el artista chileno realizó a las víctimas durante su estancia, pero con el fin de motivar los afectos, Jaar optó por ocultar las imágenes introduciéndolas en cajas negras de tal suerte que el espectador solo alcanza a saber de su contenido gracias a los textos descriptivos que hizo figurar en el exterior de las mismas: los textos son descriptivos, se identifica a la persona retratada con nombre y apellidos, se indican el momento de la toma, el lugar y las circunstancias[9].

En *Real Pictures*, *las verdaderas imágenes son las que no podemos ver, las que tenemos que esforzarnos en imaginar*, pues "si los medios de comunicación y sus imágenes nos llenan con una ilusión de

9 Uno de sus textos: «Iglesia de Ntarama, Nyamata, Ruanda, 40 kilómetros al sur de Kigali, lunes, 29 de agosto de 1994. Esta fotografía muestra a Benjamin Musisi, de 50 años, en cuclillas en el portal de la iglesia en medio de cuerpos diseminados, arrojados en la tierra bajo la fuerte luz del sol. Cuatrocientos hombres, mujeres y niños tutsi, que habían venido aquí buscando refugio, fueron masacrados durante la misa del domingo. Benjamin mira directo hacia el objetivo, como si quisiera grabar lo que la cámara fotográfica ha visto. Pidió ser fotografiado entre los muertos. Quería probar a sus amigos en Kampala, Uganda, que las atrocidades fueron reales y que había visto las consecuencias» (Garriga, 2013, p. 331).

presencia que más tarde nos deja con una sensación de ausencia, ¿por qué no probar lo contrario? Es decir, ¿por qué no ofrecer una ausencia que tal vez podría provocar una presencia?" (Jaar, 1997, p. 57).

Operaciones expresivas de este tipo son comunes en las creaciones de los artistas que se disponen a denunciar lo que, por pasividad o por censura, se destierra al terreno de lo invisible; tanto la instalación *The File Room* (1994) de Antoni Muntadas, como el conjunto de pinturas que formó parte de la exposición *Irak* y *Guantánamo* (2005-2006) de Jenny Holzer se centran en ello, pues el trabajo de Muntadas *da cuerpo* a un enorme archivo de casos de censura, al que toda persona tiene acceso y puede contribuir implementando en él nuevos sucesos[10]; y lo que las pinturas de Holzer muestran, no es otra cosa más que la imagen de lo que la *Ley por la Libertad de la Información* estadounidense ofrece[11]: formalismos de apertura y cierre, abreviaturas y signos de puntuación que se pierden, entre los enormes tachones, con los que se continúa reservando todo lo relevante en términos informativos.

10 Desde el año 2001 el archivo interactivo *The File Room* ha sido alojado y mantenido por la National Coalition Against Censorship de Nueva York. El sitio web de la obra continúa en activo. Puede consultarse o añadirse información en: <www.thefileroom.org>

11 Esta ley obliga a las entidades públicas a dar a conocer una serie de informaciones en lo concerniente al desarrollo de sus actividades, y garantiza el derecho de la ciudadanía a solicitarlas para su consulta.

Con tan solo una visita a los contenidos que se han ido incorporando al archivo *The File Room*, o con solo mirar uno de los cuadros hechos por Holzer a partir de los documentos desclasificados sobre el trato a los prisioneros iraquíes en Guantánamo, puede apreciarse cómo, desde estas *configuraciones*, se dispone para ser mostrado lo que previamente ya hubo sido dispuesto para que no pudiera serlo. Estas *revisiones resignifican* la censura, pues con ellas se están poniendo en cuestión los aspectos que perfilan nuestra libertad individual y de expresión, lo que de *universal* llegan a tener estos derechos y el papel privativo que juegan en ello el poder político y el que ostentan y ejercen las tecnologías de la información y la comunicación.

La mirada transformadora

Tratar de experimentar lo cotidiano como acontecimiento constituye una apertura sensitiva y cognitiva que tiene la posibilidad de restablecer, en algún modo, esa fuerza interior e inmediata que nos une a todo/s lo/s demás.

La búsqueda activa del silencio como estímulo para el desarrollo, tanto de lo mental como de lo sensitivo, ocurre desde Pitágoras. Ya entonces el filósofo sometía a los discípulos que se presentaban para ser aceptados en su comunidad a un periodo de silencio que podía llegar a durar un lustro, y solo tras haber transcurrido ese largo tiempo de escucha, a los llamados «acusmáticos» se les permitía preguntar, escribir y expresar su pensamiento.

Quienes han encontrado en el silencio un agente para la comprensión y la creación lo han hecho, generalmente, de forma voluntaria y han empleado para ello estrategias y métodos mucho menos extremos y exigentes que los propiamente pitagóricos. En esta dirección, la realización de rutas en solitario fue un bien preciado para Rousseau, Stevenson, Thoreau, Giacometti o Nietzsche porque, según ellos, *en el caminar la libertad es lo esencial, uno debe seguir su propio paso, dejarse llevar por sus deseos, ser como una flauta en la que toque cualquier viento* (Stevenson, 2005, p. 138).

Por otra parte, la soledad del caminar no fue suficiente entre quienes sentían que el aislamiento social favorecía su concentración. Optaron por el apartamiento como medida los escritores Knut Hamsun, Bernard Shaw o Virginia Woolf; filósofos como Wittgenstein o Heidegger; compositores como Edvard Grieg o Gustav Mahler.

En todos los casos, el silencio buscado como estímulo para observar, pensar y actuar, armonizaba con los sonidos de los paisajes naturales en los que se encontraban las cabañas donde sus retiros tenían lugar (Ruiz de Samaniego, 2015), aunque conviene subrayar que, entre las opciones para la meditación activa, el caminar en soledad siempre se ha mostrado como la más popular, siendo también conocidas como activas *peregrinas de lo estético* las personalidades de Paul Théroux, Laurie Lee, Robert Lalonde, Jacques Lacarrière, John Cage o Werner Herzog.

Con el ánimo de extender estas prácticas silenciosas como recurso para la configuración, autores contemporáneos como Marina Abramović[12] o Francesco Careri, han realizado talleres específicos y actividades varias de mediación. En el caso de Abramović se han llevado a cabo encuentros comunitarios en los que la artista suele plantear la realización de un paseo de diez kilómetros por el bosque, y después se ha de encontrar la vuelta al punto de salida con los ojos vendados. De acuerdo con ella, esta especie de entrenamiento contribuye a reubicar el foco de nuestra sensibilidad favoreciendo que se comience a *ver* no solo con los ojos, sino con la totalidad del cuerpo (en Goldberg e Iles, 1995, p. 18).

Por lo que respecta a Careri, la difusión del caminar se inicia, básicamente, con la publicación de su libro *Walkscapes. El andar como práctica estética* (2002). En *él* relata cómo, desde los inicios del siglo XX hasta la actualidad, el caminar se ha ido convir-

12 Cabe señalar aquí que la presencia del silencio en la obra de Marina Abramović no se detiene en su ejercicio como estímulo perceptivo; pues ya puede encontrarse como fundamento en los primeros, pero también en los más recientes trabajos que ha realizado la artista: *Project-Empty Space* (1971), *Sound Environment White* (1972), *Freeing the Memory - Freeing the Body - Freeing the Voice* (1975), *The artist is present* (2010).

tiendo en uno de los métodos más particulares de conexión y conocimiento estéticos haciendo ver que, gracias a este, han surgido otros modelos, como el *World Soundscape Project* que Murray Schafer inició en el año 1972. Este último caso es un indicativo de que casi todas las propuestas de cartografía sonora y los trabajos de conservación y ecología acústica que se han ido produciendo a lo largo de los últimos años, lo han hecho estando al amparo de iniciativas relacionadas con el silencio y la meditación activa.

Finalmente hay que indicar que el intento de privilegiar la experiencia de lo cotidiano desde una percepción no condicionada, que se realice involucrando el conjunto de nuestro aparato perceptivo, también nos lleva al ejercicio de actitudes contemplativas que tienen que ver con el asombro y la concentración. La artista estadounidense Susan Hiller comenta a propósito de su actividad creativa: "Hay algo esquivo, misterioso y fascinante bajo la superficie de lo que al principio parece fácil de entender por ser común o banal [...]. Me gusta especialmente la forma en que lo mundano se convierte en especial tan pronto como se le presta atención, [...] la forma en que nos ocultamos las profundidades de las cosas, [...] el modo en que las formas cambian cuando te detienes a mirarlas" (en Gallagher, 2011, p. 4).

La mirada reveladora de la que habla Hiller, así como los comportamientos adoptados por quienes han buscado la reflexión en el apartamiento o en el retiro, son una muestra del papel que juega el silencio como agente configurativo en toda suerte de actividades creadoras. Aunque se remita al silencio como límite, al silencio también se acude como método, y como objeto de acción, expresión, comunicación y superación.

La profundidad del vínculo existente entre la noción de silencio y los espacios de creación e interpretación que se abren por medio de su agencia configurativa, se fortalece en la medida en que tales espacios están asociados a *in-formar* sus agencias primitiva y comprensiva.

El estanque reflejante

Presumimos que en el vídeo *The Reflecting Pool* de Bill Viola se puede apreciar que donde parecen haber dos escenas, la que vemos ocupando toda la pantalla y la que ocurre en el reflejo de sus aguas, hay realmente una: que es el resultado de las incoherencias que se producen entre ambas, y que se forma también en el desajuste que provoca *el reajuste de nuestra propia mirada.*

Haber sondeado las agencias que el silencio *pone en acto* nos permite observar que esta noción se encuentra, funciona o cumple una función, en toda clase de eventos y circunstancias, en lo más íntimo y personal, en lo más público y general.

El silencio, en la amplitud de sus agencias, permite establecer relaciones *empeñándonos* en lo que falta, y en este procedimiento, que implica observación y proyección, se pueden llegar a dar ciertas transformaciones estéticas.

Dice Steiner que aprender una lengua es ensanchar inconmensurablemente el provincianismo del yo, que todas las lenguas y cada una de ellas cartografían un mundo, un calendario y un paisaje posibles (2012, pp. 25-26). Tales atribuciones, que Steiner hace al lenguaje considerándolo centro de *gravedad* para la humanidad, son quizá más propias del silencio que de cualquier otro idioma, porque el silencio las convoca *motu proprio* en todos y cada uno de sus efectos y esto ocurre en él no por ser una lengua, sino porque se encuentra —y produce el encuentro— en el conjunto de todas ellas.

[MEETING]

La obra *Meeting* (1980-86/2016) es un *site-specific* de James Turrell que se encuentra instalado de forma permanente en la última planta del *MoMA PS1* de Nueva York[13].

En su intervención, el artista estadounidense dispuso un banco de madera que se adaptaba por completo al perímetro de la sala, y que aparentemente es lo único que *se encuentra* en ella.

Cuando se atraviesa del umbral y se entra efectivamente al espacio, se aprecia la diferencia que hay entre la naturalidad de su luz y la iluminaria del pasillo que lo precede, se aprecia también el contraste entre su temperatura y la del resto del edificio que se ha tenido que recorrer para llegar ahí y se siente, además, que la textura del aire que se respira pasa de ser hueca a ser del todo envolvente.

Estas diferencias, que se experimentan físicamente, pero cuya apariencia visual es inexistente o en extremo sutil, se deben al agujero rectangular que Turrell ha abierto en el techo haciendo que el mismo cielo que está fuera del edificio *se alcance a ver desde dentro.*

De algún modo, son *los límites de su marco* los que *hacen que se reviva lo que de ilimitado tiene el*

13 Enlace al vídeo Second Meeting comentado por James Turrell: <https://www.moma.org/artists/5981>

cielo convirtiéndolo, a los ojos de quienes nunca lo han visto así o de quienes hayan dejado de verlo de esta manera, en un paisaje nuevo, especial, efímero y *único en su eventualidad*.

***

James Turrell: “Mi trabajo no tiene objeto, ni imagen, ni foco. Sin objeto, sin imagen y sin foco, ¿a qué estás mirando? Estás mirándote a ti mirar. Lo que es importante para mí es crear una experiencia de pensamiento sin palabras” (2021).

3. Formas (o genealogías) de silencio en las artes

El silencio y las artes se sostienen mutuamente, se conjugan significativamente, y en lo referido al tema de la comunicación que se produce en, con y desde las artes, el silencio deviene más fundamental que cualquier otra suerte de lenguaje.

La estrecha relación que existe entre *el arte actual* y *la actualidad del silencio* nos lleva a plantear que los escollos que puedan darse cuando entramos en relación con el primero quizá puedan también superarse *en el hecho de prestar atención* al segundo, es decir, prestando atención a las realizaciones del silencio que podamos encontrar bajo la espesa capa de sus formas.

En el reconocimiento de que tanto la creación como la interpretación se realizan mediante acciones que parten de un mínimo de palabras y un máximo de silencios, y en el hecho de aceptar que atender a lo ausente es también una *forma de prestar atención* a lo presente, encontramos un punto de inicio respecto de nuestra relación con el arte y con todo/s lo/s demás que es totalmente diferente, pues "el «silencio» de los objetos, las imágenes y las palabras es un requisito previo para su proliferación" (Sontag, 2002, p. 50).

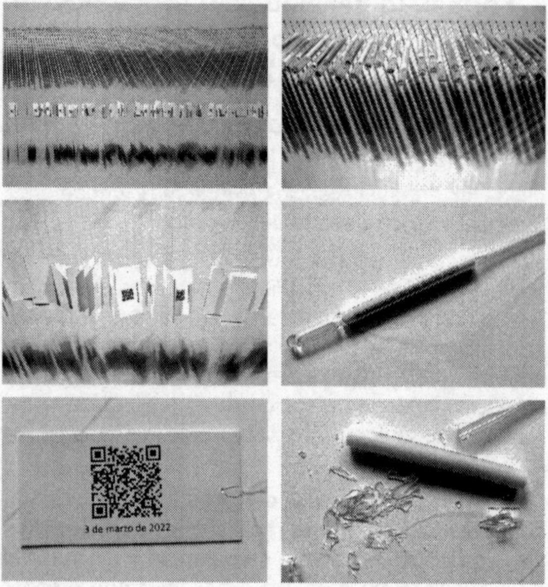

(5)

El encuadre y el fuera de campo

En términos cinematográficos, la porción de espacio limitado que se hace visible en imagen se llama campo; el marco que la delimita, cuadro; y la selección específica que motiva ese cuadro, *encuadre*. Todo lo que se sale o desborda los límites del cuadro, todo lo que está más allá de lo que evidentemente aparece dentro de él queda, por tanto, *fuera de campo*.

Teorías vinculadas a la sociología, la psicología y la lingüística han migrado algunos de estos conceptos a sus estudios para explicar cómo las personas funcionan en términos conductuales. Así, en lo relativo a las dos primeras, el encuadre o marco desde el cual un individuo se relaciona con lo/s demás viene a significar también el conjunto de ideas, esquemas y circunstancias desde las que, cada individuo, en su propia eventualidad, entiende, interpreta y da respuesta al mundo; mientras que, en términos de la lingüística, el encuadre se constituye, más bien, en lo que se encuentra detrás de la evidencia plena del texto, esto es, en su pretexto —o intencionalidad que se manifiesta en toda voluntad de expresión— o en su contexto —las condiciones que enmarcan todo acto de enunciación y comprensión. Merced a todo ello, asimilar al silencio el conjunto de ideas expresadas en cuanto al encuadre y, por extensión, al fuera de campo, nos está diciendo de nuevo que, detrás de las palabras y de las cosas, *hay siempre algo que buscar* (*Cfr.* Colodro, 2000, p. 52).

Los avances técnicos que hicieron posible la sonorización del cine a principios del siglo XX constituyen una metáfora muy apropiada para observar cómo el encuadre y el fuera de campo dan forma a un silencio del todo potencial. El filme *Westfront 1918* —una de las primeras películas con sonido que se estrenaron en la Alemania de los años 30— muestra lo que supuso añadir, a las imágenes de las primeras líneas en los territorios de batalla, el fragor de las explosiones que se producían fuera de los límites de la pantalla, pues la ganancia que implicaba el fuera de campo se traducía en términos de realismo al sumar a las imágenes que hasta el momento habían permanecido mudas, el impacto psicológico que se producía con su sonido; y como, a partir de entonces, los creadores y los espectadores podían escuchar los ruidos y las voces, sus ausencias e interrupciones, de forma natural se resignificó un silencio meramente técnico y, por tanto, puramente epitelial, revelándose así, *el principio* de su profundidad expresiva (*Cfr.* Chion, 1998, p. 59).

El fuera de campo es una *fórmula silenciosa* que influencia, determina e incluso llega a significar en su totalidad lo que *efectivamente* muestra el campo. La pieza de vídeo *Two dogs and a ball* (1972)[14], de la que Sarah Conaway realizó una versión homónima en el año 2011 colocando a dos personas donde antes estaban dos perros, sirve para mostrar la esencia de su procedimiento. En la obra original creada por William Wegman, el cuadro que determina su plano secuencia recoge únicamente a dos perros que miran fijamente algo que no vemos, pero de lo que *sabemos* dos cosas: una, que es una pelota, el título de la

14 Enlace a la obra de William Wegman: <https://www.youtube.com/watch?v=mxsypEOXpik>

obra así lo indica, y dos, que la pelota se mueve, porque *su movimiento se refleja en el movimiento que los perros hacen con sus cuerpos.* En la versión de Conaway, el pretexto del movimiento en las personas que aparecen sustituyendo a los perros se carga todavía más dado el *contexto* que da a su pieza la de Wegman.

Por otra parte, el planteamiento de enigmas en orden a revelar ciertas incógnitas es otro más de los comportamientos plásticos que se utilizan hoy con el fin de incluir al espectador en el contenido del mensaje pues, en términos positivos, esta eventualidad contribuye a generar sentido de propiedad y/o pertenencia hacia el objeto de arte.

El surgimiento del fotomontaje como técnica plástico-discursiva se originó con una intención similar. John Heartfield explicó en una de sus conferencias, que el fotomontaje fue *la solución* que alcanzaron a poner en acto los soldados que se encontraban en el frente de batalla durante la Primera Guerra Mundial con el fin de sortear a la censura, que no les permitía enviar en forma de carta a sus familiares la verdad de sus vivencias y, por ende, sus ideas, que eran contrarias a la guerra. Dada la limitación de los medios de que disponían, pues solo contaban con la palabra escrita y las imágenes que pudieran extraer de periódicos ilustrados del frente y folletos, los soldados comenzaron a recortar entonces imágenes en las que aparecían algo así como *héroes caídos por la patria,* para combinarlas con otras en las que se mostrase algún reflejo de la vida parasitaria de la clase dominante; añadían después dos o tres frases para completar el sentido de su composición. Según Heartfield: "en sí mismas, las palabras no eran censurables. Las fotos eran material de los periódicos oficiales. Y, como la censura no tenía tiempo para imaginar que *el conjunto es más y puede significar más que la suma de sus partes*, los soldados podían enviar impunemente a casa esas obras pegadas, *collages*"[15].

El testimonio proporcionado por quien se convirtiera en uno de los máximos exponentes del fotomontaje subraya que el contexto actúa como pretexto, pero el contexto también se puede suponer, *en materia artística*, como único elemento de significación.

Esta fue la operación que jugó John Cage en *4'33"* (1952), una pieza que da cuenta de uno de los efectos más expresos de lo que el silencio es capaz de convocar cuando se emplea bajo esta perspectiva.

La composición *4'33"* se escuchó por primera vez en el *Maverick Hall* de Woodstock de Nueva York, y fue interpretada por el pianista David Tudor, quien, frente a su instrumento, guardó total y absoluto silencio, pues la partitura elaborada por Cage así lo indicaba en sus tres movimientos: *TACET I*, *TACET*

15 Extracto perteneciente a la conferencia "Photomontage —A Means of Class Struggle" de John Heartfield, pronunciada en el Polygraphic Institute de Moscú en 1931 (en Anders, 2007, pp. 181-182).

II, *TACET III*. Aquella acción, que constituyó un punto de inflexión para el desarrollo del arte sonoro y la música experimental del siglo XX, es quizá comparable al impacto que sufrieron las artes plásticas en 1917, cuando Marcel Duchamp presentó su obra *Fountain*. Así, el urinario, que elevaba su presencia a objeto artístico en el único gesto de haber sido descontextualizado, tiene su correlato sonoro en la pieza silenciosa de Cage, quien se sirvió de un salón de conciertos para conseguir elevar a instancias musicales los sonidos ordinarios que se escucharon gracias a la *no-actuación* de Tudor frente al piano y al silencio que la audiencia guardó a la espera de que la música tuviera lugar.

El "fuera de lugar" del urinario, así como el que se produce en la situación creada por Cage, *actúan* redefiniendo los marcos, forzando así que cambie la forma de percibir lo que ya se conoce. El encuadre y el fuera de campo —espacio *off*, *offscreen*, *off camera*, *offstage*— también contribuyen a completar, e incluso a resignificar, aquello respecto de lo cual constituyen su negativo en forma (encuadre) y contenido (fuera de campo).

La implicación subjetiva

Lo poético es un principio creativo común a toda práctica artística, y su expresión se origina y desemboca siempre en las extensiones que derivan de las contracciones que le son propias. Así, se considera la implicación subjetiva como forma del silencio en las artes porque esta se agencia mediante el despliegue de la poética inherente a sus formas. Esta propiedad es consecuencia o efecto de una serie de suposiciones o implicaciones que son fruto —o fructifican— mediante esta otra clase de implicación: la que el propio sujeto *actúa* cuando siente el objeto y lo reflexiona.

Quizá sea en el terreno de la creación y la crítica literarias donde más ensayos y análisis se hayan producido acerca de los procesos de significación que se desatan mediante la con-figuración y las re-configuraciones que se originan por el lenguaje (y en su/s silencio/s).

Para Ezra Pound y William Carlos Williams, entre muchos otros, la poesía tiene como objetivo ofrecer la oportunidad de un conocimiento más expansivo, dado que la interrelación entre las palabras que se produce con ella origina nuevos sentidos que pueden experimentarse afectivamente por generar espacios interpretativos para su realización por el sujeto.

Esta misma idea también encuentra su lugar en otros procedimientos plásticos. Pavel Büchler la expresa claramente cuando, a propósito de lo que supone hacer el montaje de una exposición refiere: "es como escribir un poema —a falta de una mejor analogía—, trato de hacer que las cosas rimen porque siento que el significado se produce a través de esas resonancias" (en Esche, 2007, p. 164).

De acuerdo con ello, el silencio, en la forma de sus implicaciones subjetivas, no solo nos lleva a tratar su valor como agente significativo en lo relativo a la *configuración interna* de los objetos de arte, también en lo que puede llegar a suponer su *reconfiguración* —o si se prefiere, al potencial *aumento de su carácter resonante*— cuando se conjugan varios de ellos agrupándolos en un conjunto mucho mayor.

Existen grandes maniobras en cuanto a que la presentación de lo ya poético implique una poética añadida, como la realizada por Georges Didi-Huberman para la exposición *ATLAS ¿Cómo llevar el mundo a cuestas?*, que se mostró en el MNCARS durante el año 2010. Así la explica el comisario: «Esta exposición trata del destino de una forma de conocimiento visual llamada *atlas* basado en el trabajo de Aby Warburg, un historiador del arte y teórico alemán, que supuso el gran momento, el gran giro para entender qué son las imágenes. La exposición habla de la proximidad entre este trabajo de pensamiento y el trabajo de muchos artistas, de los siglos XX y XXI, que han utilizado la forma del *atlas* en la que podemos reconocer la historia de la imaginación humana. Generalmente, cuando se expone un archivo no se ve nada, un archivo es algo con lo que trabajar, durante semanas, meses, años... En cambio, el *atlas* es una presentación sinóptica de diferencias: se ven, una cosa y otra, completamente distintas, colocadas una junto a la otra. El objetivo del *atlas* es hacer comprender el nexo, que no es un nexo basado en lo similar, sino en la conexión secreta entre dos imágenes diferentes» (MNCARS, 2010).

En relación con la *creación* de discurso a propósito de los contenidos (obras) y la *in-formación* que estos adoptan en el marco del espacio expositivo, existen factores de encuadre que, a juicio de profesionales como Robert C. Morgan, son los que hay que manejar para poder completar una labor que no se termina haciendo una adecuada selección de obras y un estudiado diseño para su muestra. En opinión del comisario estadounidense, es preciso insistir en las variables que son de carácter social, cultural, económico (asociadas al lugar de exposición y su entorno) y ambiental (circunstancias lumínicas y climatológicas según la época del año), porque tienden a dejarse al margen a pesar de lo que conllevan (*Cfr.* 2003, p. 101).

Fred Wilson es uno de los pocos artistas que ha hecho de las cuestiones descritas por Morgan el eje creativo de gran parte de su obra. La intervención que realizó en la museografía que ya tenía planteada en sus instalaciones la *Maryland Historical Society* (MHS) de Baltimore, y que tituló *Mining the Museum* (1992), es una de sus realizaciones con mayor impacto.

Para preparar su intervención en los espacios de la MHS, Wilson se dispuso a observar y a analizar tanto los elementos que tenían dispuestos en exposición, como los archivos y el resto de las piezas que se encontraban *fuera de la muestra*, en los fondos de su colección. La realización de este estudio previo le llevó a concluir que todo el material que necesitaba para llevar a cabo su trabajo se encontraba ya dentro de un museo que, a su juicio, estaba presentando sus exposiciones bajo puntos de vista clasistas y colonialistas.

Así, con el fin de hacer patente la proyección de una museografía que, consciente o inconscientemente, mantenía vivo el legado de violencias históricas sobre las que cabe reflexionar críticamente en el presente, Fred Wilson se dedicó a colocar, junto a los delicados recipientes repujados en plata y los elegantes sillones del siglo XIX, los grilletes que solían llevar los esclavos que los fabricaban, pues a pesar de ser coetáneos en el tiempo, el museo había decidido mantener estos objetos en espacios completamente disociados.

La implicación subjetiva constituye una fórmula para el montaje, tanto para quienes lo *configuran* como para quienes tienen la capacidad de *leerlo* en su recepción. En el ámbito de la imagen audiovisual su despliegue también puede observarse ampliamente por cuanto este es un procedimiento técnico nuclear en todas sus creaciones, y en tanto esta forma de silencio acoge una de las nociones más trabajadas por la teoría fílmica, propicia la identificación.

Como John Heartfield, Robert Bresson fue otro de los creadores que supo ver que *el montaje implica siempre actos de creación y no de mera reproducción* (*Cfr.* Bresson, 1979, p. 11). Para el cineasta, la clave de toda creación fílmica estaba en su montaje, pues el desarrollo de sus operaciones pone siempre en evidencia las relaciones existentes entre los elementos que componen una película, para quien la crea y para quienes *asisten al procedimiento* tal que audiencia. Desde esta posición, Robert Bresson contribuyó a modificar los modos convencionalmente utilizados en la construcción del relato fílmico, algo que sobre todo puede observarse en el ajuste que hacía de los tiempos para generar fenómenos dialógicos: dilatando intencionalmente el dedicado a una sola imagen, *cargando* elipsis, conciliando ritmos, mostrando los gestos antes que los textos. Todas estas fórmulas, todas derivadas del silencio, fueron las que empleó en películas tales como *Le Journal d'un curé de champagne* (1950), *Un condamné à mort s'est échappé* (1956) o *Pickpocket* (1959): siempre con la intención de desarrollar una poética, de evitar una mirada epidérmica, de favorecer la implicación de los públicos en sus *filmes*.

El hecho de que, mediante la experimentación con el montaje, la narratividad comenzara a orientarse en función a lo implícito y no tanto a lo explícito en medios en los que se daba por supuesta una estructura más bien lineal y evidente, abrió toda suerte de vías expresivas que contribuyeron a que la producción de la imagen fílmica continuara desarrollándose, generando así otra clase de cine, alternativo y experimental.

De aquella tendencia son del todo destacables las películas que se hicieron a partir de los años 60 con el fin de mostrar que el montaje es uno de los procedimientos más potentes en términos de configuración discursiva, aunque, al mismo tiempo, *tales filmes clausuraron de forma notable la expansión de su audiencia*, ya que, al ser fruto de una forma de hacer mucho más *reflexiva*, al ser un cine más centrado en mostrar como tema su propio procedimiento, se producía una distancia difícilmente salvable respecto del público no especializado, que experimentaba por ello dificultades para identificarse con la película. Así sucede, por ejemplo, en *Arnulf Rainer* (1960) de Peter Kubelka, una de las películas más emblemáticas del cine métrico, compuesta únicamente de fotogramas transparentes y negros, de silencio y de ruido blanco[16].

El exceso y el defecto

En el suprematismo y el neoplasticismo el silencio no solo tiene que ver con las formas de sus mínimos visuales (formas en defecto), también se pone de manifiesto en la concepción de la pintura y en los temas que interesaron a sus máximos representantes (poéticas del exceso). Habiendo abandonado por completo toda figuración Kazimir Malévich pintó, en el año 1915, su *Cuadrado negro sobre fondo blanco*. A decir de Gérard Wajcman, esta obra hacía visibles las for-

16 En esta misma línea se encuentran las posteriores *The Flicker* (1966), de Tony Conrad; o *Vertical Roll* (1972), de Joan Jonas.

mas mínimas por las que el artista había optado en su pintura para denunciar las políticas de su entorno, pues fue también en 1915 cuando Rusia inició su participación en la guerra[17].

Por su parte, Piet Mondrian, quien asentó las bases del neoplasticismo al abrigo de algunos de los elementos constructivistas y de los planteamientos suprematistas de Malévich, afirmaba que *la obra de arte debe mostrar todo lo que la palabra es incapaz de decir* (*Vid.* 1978). Influenciado por la teosofía de M. H. J. Schoenmaeker, el artista neerlandés asumió una actitud que denominaría «mística positiva» y que consideraría necesaria tanto para la creación plástica como para la contemplación estética, pues según él, "la base de toda vida, de la religión, de la ciencia y del arte es: *aspirar a una visión clara de lo universal*" (1993, p. 119).

Para otros pintores interesados también en la representación de discursos ciertamente *elevados*, como Ad Reinhardt o Yves Klein, la propia materialidad de la pintura ya constituía un obstáculo, por lo que extremaron todavía más las estéticas iniciadas por Malévich y Mondrian reduciendo sus pinturas al empleo de un solo color. Así, en el intento por negar toda clase de forma, Ad Reinhardt se dedicó a la repetición de esta fórmula, mientras que Yves Klein

17 "*Se ruega mirar la Ausencia*, frase que debería presidir la puerta de entrada al museo del siglo XX" (en Wajcman, 2011, p. 207).

derivó su práctica artística hacia la realización de una serie de acciones que pretendían mostrar una suerte de renuncia a toda clase de materia. En la nota de prensa que anunció la exposición *Le Vide* (1958) Klein hizo constar lo siguiente: «Últimamente mi trabajo con el color me ha conducido, a pesar de mí mismo, a buscar [...] la realización en la materia. He decidido poner fin a la batalla. Mis pinturas son ahora invisibles y me gustaría mostrárselo de una manera clara y positiva en mi próxima exposición parisina, en la galería Iris Clert» (en Stich, 1994)[18].

Durante la segunda mitad del siglo XX continuaron abriéndose toda clase de vías que tenían que ver con economías de lo visual y de lo material, pues: "lo que parecía necesario a finales de los años sesenta era una actitud reductiva, por la que la presencia de la *objetualidad* [...] pudiera transformarse en una ausencia" (Morgan, 2003, p. 23).

En esta línea se sitúan las obras que comenzaron a fundarse en la idea de que el mundo de lo invisible solo puede comprenderse cuando se experimenta, algo que *se contempla* en las series *Carrier Wave* (1968) o *Inert Gas* (1969) de Robert Barry, donde con el registro fotográfico de lo efímero se amplía el con-

18 Aquella muestra constituyó toda una puesta en escena. A los ojos de las personas que fueron a visitarla el espacio estaba completamente vacío, pero, desde el punto de vista de Klein, se encontraba lleno de una «sensibilidad pictórica inmaterial» que además estaba a la venta y que solo podía adquirirse si se compraba a peso de oro.

cepto de escultura a masa de energía desmaterializada, y donde "el arte, naturalmente, no es simplemente un acontecimiento que tiene lugar en el tiempo y en el espacio, sino la intención que hay detrás de ello, la posibilidad de reconstruir una idea mental —el *cervelle* de Duchamp" (*Ibid.,* p. 123).

Fue Susan Sontag quien, en torno a los años 70, filtró la estética formal de su época en función a la idea de silencio (2002). Algo que también alcanzó a observar Lucy Lippard, aunque desde una perspectiva más crítica: "todavía no sabemos cuánto menos 'nada' puede ser. ¿Se ha llegado a un grado cero último con las pinturas negras, las blancas, los haces de luz, las películas transparentes, los conciertos silenciosos, las esculturas invisibles, o cualquier otro de los proyectos mencionados anteriormente? No parece probable" (1971, p. 276)[19].

No obstante, las agencias del silencio como exceso y/o defecto no solo se realizan mediante la economía de las formas, también se resuelven en *el exceso que se produce al abusar de ellas*. Así, a partir de la década de los años 70, la poesía concreta que

19 «Un lienzo nunca está vacío» (en Cage, 2007, p. 99) fue lo que dijo Robert Rauschenberg a propósito de sus *White Paintings* (1951), que inspiraron la silenciosa pieza *4'33"* de John Cage; y «nunca hay nada que ver» fue lo que dijo el compositor estadounidense a propósito de la pieza *Zen for Film* (1962) de Nam June Paik, que consistía en una bobina de película transparente de 16mm (en Decker-Phillips, 1998, pp. 25-28).

iniciaron Friederike Mayröcker, Friederich Achleitner, Konrad Bayer, Ernst Jandl, H. C. Artmanny o Gehard Rhum, cuyos principios eran del todo cercanos a los que esgrimieron los integrantes de *Art & Language* durante los años 50 y 60, encontró su continuación en Nueva York y San Francisco, donde una agrupación de jóvenes que empezó a desarrollar una serie de ideas que tenían mucho que ver con las propuestas que, mucho antes que ellos, llevaron a cabo los dadaístas en la Viena del *Cabaret Voltaire*; y así, el deseo de tales poetas por abandonar los modos tradicionales de composición y lectura, abrió un intenso debate que se mantenía y difundía a través de revistas de tirada reducida —que en algunas ocasiones gestionaban los propios escritores— tales como *L=A=N=G=U=A=G=E* o *This*.

La poesía *Language* se caracterizaba entonces por no proporcionar un contexto de base al discurso para no condicionar su lectura, tampoco seguía una linealidad sintáctica, y el carácter de sus frases, e incluso el de sus palabras, era a menudo fragmentario: "el texto se espesa, se carga de juego fonético, de aliteración, de paronomasia, subraya la heterogeneidad de sus materiales, utiliza la polisemia, abusa del calambur y hace, en definitiva, imposible olvidar su presencia como superficie verbal" (Pujals, 1992, p. 23).

Estas formas de agenciar el silencio se encuentran ya muy alejadas de toda clase de parquedad y muchos de los objetos de arte contemporáneo, que toman como eje la crítica a las dinámicas que comportan las tecnologías de la información y la comunicación, se resuelven haciendo uso de ellas. Este es el caso de los *Googlegramas*, que Joan Fontcuberta comenzó a trabajar en el año 2000. En aquella serie, el artista se dedicó a componer imágenes relativas a sucesos de gran impacto social y mediático mediante la ayuda de un *software* gratuito para construir foto-mosaicos. La obra titulada *11S*, por ejemplo, *re-presenta una imagen* de las torres gemelas, pero esta está formada por los cientos de imágenes que Fontcuberta había obtenido y seleccionado buscando primero en *Google* las palabras clave: «Yahvé», «Dios» y «Alá», para introducirlas después en el *software* del que se sirvió para obtener la imagen final.

La referencia a la enorme cantidad de imágenes con las que nos atropellan los medios de comunicación es una cuestión que encuentra su eco en el trabajo de muchos artistas. Erik Kessels se dedicó a descargar todas las fotografías que se subieron a <https://www.flickr.com/> en un intervalo de 24 horas, obteniendo millones de ellas. Una vez impresas, las expuso en el FOAM de Ámsterdam, bajo el título *Photography in Abundance* (2011). Por su parte, Corinne Vionnet también se ha dedicado a descargar imágenes de internet seleccionando únicamente las panorámicas que han sido tomadas por turistas frente a lugares tan emblemáticos como el Coliseo de Roma, el Puente de San Francisco o la Mezquita Sagrada de Jerusalén. El resultado de la superposición de tales fotografías viene a ser una ajustada metáfora de lo que supone la saturación visual e informativa a la que estamos *expuestos* actualmente pues, aunque *el punto de vista* que presentan sus composiciones sea prácticamente el mismo, aparece del todo borroso.

Sobre el silencio inherente al exceso de producción informativa tratan también varias de las obras que David Mach realizó —adelantándose a las indicadas— a comienzos de los años 80. El artista escocés observó que, en las calles, frente a las puertas de los comercios y de las casas, no dejaban de acumularse paquetes de periódicos y revistas que permanecían sin abrir durante varios días. Esta imagen le llevó a averiguar que, entre los años 1963 y 1984, el número de títulos asignado a cada categoría de revista había aumentado, como también lo habían hecho sus tiradas, incrementándose en algunos de los casos incluso al doble. El hecho de que la oferta aumentara en forma desproporcionada fue lo que provocó un desplome absoluto en la demanda y, con todo, el paisaje de revistas y periódicos "abandonados" que se dejaba a ver por las calles.

El trasfondo contenido en aquella imagen fue lo que Mach trató de representar en sus instalaciones empleando los mencionados excedentes editoriales como material para su realización. En los primeros trabajos que llevó a cabo, de menores dimensiones, trataba de resignificar tales publicaciones mediante las formas que creaba, así, los títulos o las imágenes que aparecían encabezando las portadas de ciertas revistas contribuían a ofrecer una lectura ciertamente crítica, como sucede en los casos de *La Tour Eiffel* (1982), instalación que expuso en el *Royal College of Art* de Londres y que fue construida con copias de la *Time Out Guide to Paris*; o *Silent Running* (1982), una escultura que daba forma a un submarino nuclear mediante la superposición de cientos de copias pertenecientes a distintas publicaciones de carácter pornográfico.

Al cabo del tiempo, sus propuestas aumentaron considerablemente *en proporción*, y con ello se produjo también la inclusión de otros objetos. Tanto *Fuel for the Fire* (1986), *Adding fuel to the Fire* (1987) y *Natural Causes* (1987) son instalaciones que presentan impresos diversos que, dispuestos de forma amalgamada, atrapan y arrastran objetos de gran tamaño incluyendo desde coches hasta pianos.

La ausencia activa

No son pocos los objetos de arte que fundan su discurso en la escenificación del juego de correspondencias que se produce entre lo presente y lo ausente. Pongamos, por ejemplo, *El Monumento contra el fascismo* (1986) de Jochen Gerz y Esther Shalev-Gerz, quienes, en el espacio público de Hamburgo-Harburgo, erigieron una columna de sección cuadrada en acero galvanizado en la que, según rezaba el texto situado junto a su base, se invitaba a la ciudadanía de Harburgo y a sus visitantes a inscribir sus nombres junto al de los artistas.

La peculiaridad de este monumento a la memoria consistía en ir *desapareciendo* poco a poco, hundiéndose bajo la tierra, en la misma medida en que su superficie se fuera llenando con los nombres y los testimonios de quienes quisieran inscribirlos en él. El enterramiento se completó en el año 1993, al cabo de ocho etapas, durante las cuales llegaron a registrarse más de setenta mil firmas.

Con la motivación de crear un *espacio para la memoria* que implicara a las personas invitándolas a reflexionar críticamente sobre *el objeto del memorial*, es decir, sobre el carácter efímero de toda experiencia, Jochen Gerz y Esther Shalev-Gerz lograron subvertir en algún modo la progresiva pérdida de función que presenta esta clase de monumentos. De acuerdo con la artista, el pasado nos ayuda a comprender el presente, pero es desde el presente desde donde podemos comprender el pasado, y como *la actualidad* (función) de los monumentos ha cambiado tanto como lo ha hecho *la actualidad social* (nuestro comportamiento), Shalev-Gerz considera que es preciso crear con ellos *otros espacios*, que se ajusten más a la dinámica de *su tiempo* propiciando, así, una mayor implicación (1999, p. 43).

En esta misma línea, se encuentra el trabajo para el *Project for Wrapped Reichstag*, pues cuando

Christo comenzó a dar a conocer su iniciativa, en el año 1971, se exhibía en el Reichstag de Berlín una muestra que trataba sobre el pasado histórico de Alemania. Esta circunstancia, sumada a la función y a la propia historia del edificio, constituían el verdadero *fondo* de su propuesta, que consistía en hacer *desaparecer esta construcción* bajo los más de 10.000 metros cuadrados de lona plateada que pretendía usar para ocultarla.

El carácter evocativo, pero también el poder simbólico que tenía el planteamiento de una intervención semejante hizo, del aparentemente utópico *Project for Wrapped Reichstag*, una realidad. Christo y Jean-Claude —quien se sumó con posterioridad al proyecto— trabajaron incansablemente en la difusión y propagación del debate en torno a la propuesta, realizando charlas, talleres y seminarios, acudiendo también a la prensa y a la televisión. La participación en esta clase de actividades fue tal y se popularizó tanto que, a principios de la década de los 90, las problemáticas asociadas a la "desaparición" del Reichstag ya no se discutían únicamente entre las gentes de Alemania. La internacionalización del proyecto, así como el hecho de que ambos artistas se dedicaran durante el transcurso de los años a la venta de multitud de bocetos, *collages*, dibujos y fotografías relacionados para sufragar de esta forma el importe íntegro de su ejecución, hizo que, finalmente, en el año 1995, se culminara la realización de la obra.

Es evidente que la ausencia activa la presencia de ciertas ideas. También es el caso en la obra *Eye Test* (2008-2009) de Shilpa Gupta, un trabajo en el que la artista se apropia de la estética de los *Test de Snellen* que utilizan los optometristas para reconvertirlos reemplazando en ellos sus letras por las de palabras tales como «verdad», «hecho», «certidumbre», «realidad». En el momento de instalar la pieza, Gupta presentó cada uno de estos términos en una gráfica diferente, desordenando sus letras y faltando siempre, al menos, una de ellas. Aparentemente, los "test" de Gupta no se diferenciaban en forma alguna respecto de los de cualquier optometrista, salvo en el hecho de que con los suyos se está operando además otro examen, el que tiene que ver con *la calidad de una agudeza visual* que está más allá de lo puramente sensible.

Como puede observarse, proceder planteando la forma de una ausencia para convocar, subrayar o enfatizar lo propiamente ausente, no solo funciona *como elemento in-corporador de ideas*, también *comporta la concreción de sus dimensiones* haciendo físicamente sensible aquello que aparentemente no las tiene, transformando así *su/s magnitude/s*.

Lo particular de este último caso, se aprecia notablemente en el conjunto de casi toda la obra que ha realizado Rachel Whiteread, de quien podría decirse que ha dedicado la mayor parte de su trayectoria artística a consolidar el espacio *corporeizándolo* a través de diversos materiales. Uno de los aspectos más interesantes del trabajo que hace Whiteread radica en que tiende a provocar *una inversión en la mirada*, pues los objetos que presenta, que siempre están relacionados con los espacios que habitamos cotidianamente y con sus arquitecturas (puertas, ventanas, libros, cajas, sillas, escaleras, habitaciones completas, e incluso una casa entera), nunca están presentes en la forma en que los conocemos: aparecen bajo la forma de los espacios que se definen dentro o en torno a ellos. Procediendo así en *Ghost* (1990), Whiteread *positivó* el espacio total delimitado por las paredes de una sala de estar victoriana que se hallaba situada en el interior de la vivienda 486 de la *Archway Road* de Londres. Todos los detalles de las paredes, que actuaron como tabiques contenedores, dejaron su huella en la superficie del material con que se llenó por completo la habitación para poder *registrarla*.

El encuentro

Los objetos de arte se realizan en los diversos modos de *implicación subjetiva* que convocan; en el hecho de mostrarse como reflejo del tiempo en que vivimos, ayudándonos a definir nuestro *encuadre* desde el *fuera de campo*; en funcionar como vía de escape, pero también de comprensión, para nuestras tensiones más primarias mediante las *formas del exceso y del defecto*; y en el refuerzo que constituye para el desarrollo de nuestra consciencia estética la *in-corporación de la ausencia.*

Estas cuestiones, que también conciernen al efecto de estar —o no— *en comunicación con las artes*, merecen toda nuestra atención, porque no son otras sino las mismas que atañen al hecho de estar —o no— *en plena comunicación con todo/s lo/s demás.*

Obras como las de Turrell nos sitúan en el centro de una de las problemáticas de nuestro tiempo, pues como se tiende a obviar que el desarrollo de todas nuestras relaciones se produce de un modo estético y bajo las formas que la estética va codificando con ellas, se cree además que las cosas están dispuestas para nosotros, cuando nosotros también hemos de estar en disposición hacia ellas.

[IN REAL LIFE]

La exposición *In Real Life* (2019-2020), que la *Tate Modern* de Londres dedicó a la obra de Olafur Eliasson, reunía varias piezas de carácter interactivo y numerosas intervenciones *site-specific* a gran escala. Aquella exposición estuvo marcada en su momento por el incontable número de personas que, en flujo constante, atestaba las salas; y como la mayor parte de las piezas se completaban con la imagen de quienes entraban en el espacio formando así parte de ellas, *ver* instalaciones como *Your uncertain shadow* (2010), donde el artista dispone cinco focos de colores que al mezclarse se convierten en una luz blanca que vuelve a descomponerse cuando alguien decide colocarse frente a ella; o, como *Your spiral view* (2002), un túnel configurado por multitud de espejos que devuelven el reflejo facetado de quienes se colocan ante ellos, conllevaba no solo ver las obras, sino también a las personas en juego con ellas y con la/s imágen/es de todo/s lo/s demás.

La extraordinaria difusión que obtuvieron los *selfies* realizados en este tipo de piezas a través de diversas redes sociales muestran, de algún modo, que la obra de Eliasson no era tanto un motivo cuanto un escenario. Así, la suma de los visitantes que acudieron presencialmente a ver esta muestra en Londres, junto a quienes también asistieron a verla en el Guggenheim de Bilbao (2020-21), es ridícula en comparación a las cifras que alcanzaron los *selfies* que se tomaron en sus salas en las redes sociales.

***

Olafur Eliasson: “Tener una experiencia es participar del mundo, y participar del mundo es compartir la responsabilidad” (GUGGENHEIM BILBAO, 2021).

4. En comunicación con el mundo

Aun con todo, es posible que, en el ejercicio de «mirarnos a nosotros mirar», se pueda ver algo más que nuestra propia mirada.

Exigencias al arte

Entre las ideas que más se han *naturalizado* se encuentran las que más peligro tienen, porque a ellas nos entregamos sin contemplar que aquello que enuncian, refieren o definen podría darse, producirse, o ser de otra manera.

Cuando nos empeñamos en identificar, por ejemplo, la idea de amor con la vivencia del amor que uno tiene, el padre o la madre ideales con los padres que se tienen, es posible que se encuentren y experimenten, en algunos —o muchos— de los casos, notables desajustes entre la realidad y su modelo, entre los que, al parecer existe una especie de ley tácita respecto de su correspondencia.

El arte no escapa a los prejuicios, tampoco a toda clase de prescripciones, algunas de ellas del todo *impropias*. Así sucede con la idea de belleza, pues todavía hay quienes la conciben como *definitiva*. Para Hegel, por ejemplo, la belleza que se alcanza con lo artístico es superior a la que presenta lo natural, pues la hermosura del mundo físico no tiene valor sino en cuanto es reflejo de la belleza del espíritu humano que se expresa por el arte (*Cfr.* 1989). Afirmaciones como esta, en torno a las cuales se han formado *exigencias* que cuentan con una larga tradición y que son ciertamente *inabordables por las artes en su realidad efectiva*, contrastan con otras, tales como las proferidas por la mayor parte de los románticos alemanes, para quienes la belleza de un amanecer real es incomparable a la de su pintura, por lo que el valor del arte no está tanto en la belleza que refleja cuanto en *enseñarnos* a apreciarla en su realidad natural.

La implicación de la belleza en el arte se ha ido matizando a lo largo de la historia del pensamiento bajo afirmaciones de lo más diverso: que la belleza solo existe cuando es reconocida por alguien (*Vid.* Eagleton, 2011); que los objetos de arte cuanto más bellos, más ornamentales y decorativos (*Cfr.* Brea, 1996); que no hay forma de hacer arte sin estetización alguna (Alken, 1999, p. 28). Así, esta especie de batalla, en orden a *definir* lo que no deja de redefinirse en su realidad histórica, presenta focos de ignición que son del todo indeseables porque el arte parece quedar vendido a no tener otra capacidad ni otra agencia más que la de su superficie, aportando poco o nada en lo que se refiere a la proyección de su sentido.

La experiencia estética es otra de las variables que se manejan —y de la que se sirven las más diversas subjetividades— a la hora de afirmar, esta vez sin discusión, qué es Arte y qué no lo es. El «no sé qué», el «*Je ne sais quoi*» francés o el «*no so che*» italiano son fórmulas expresivas que se usaron, con muchísima frecuencia durante el siglo XVII, para tratar de significar lo sentido frente a la mística, al amor o frente a la inefabilidad de la experiencia estética (Portús Pérez, 1994, p. 168).

El Siglo de Oro español es el periodo en que se producen algunos de los textos místicos más bellos, pero también es el momento en el cual proliferan toda clase de tratados en los que se intenta sistematizar un vocabulario que resuelva expresar, de *la forma más ajustada posible*, qué es lo que se siente cuando las experiencias que se han enumerado tienen lugar (*Vid.* Andrés, 2010). De acuerdo con lo que atestiguan aquellos textos, el vocabulario manejado para describir la experiencia estética es similar al empleado para hablar de la mística y también de la vivencia del amor más pura e ingenuamente idealizado pues, sin distinción, en los tres casos, se entienden estas vivencias como únicas: porque invaden y conmueven, y porque llenan de plenitud a quienes las tienen, colmándose de agrado y gozo al sentirse unidos de forma gratuita (desinteresada) con su objeto.

El modo en que tradicionalmente se han ido describiendo esta clase de vivencias no puede manejar estándares más altos y las experiencias que se derivan de estas ideas no pueden ser más fulminantes en relación a ellos. Parafraseando al mono de Kafka en su *Informe para una academia*: «cuando el sentimiento es uno de los más sublimes, así de sublimes serán también los correspondientes engaños» (1982, p. 16). No obstante, conviene subrayar que menospreciar este *hábito* descriptivo conlleva subestimar que su constante en el tiempo es un poderoso reflejo del reconocimiento implícito al sentir que es capaz de provocar el arte. Así, el hecho de que Richard Wagner conmueva con su música las sensibilidades de hoy tanto como conmovió a las del siglo XIX, no es más que un ejemplo entre todos los que muestran que las artes unen a las personas trascendiendo toda suerte de fronteras, por lo que la potencia de la experiencia estética no radica tanto en la singularidad de lo que nos haga sentir, pensar o reflexionar, cuanto en *las pluralidades que el arte es capaz de reunir bajo su propia singularidad.*

Por otra parte, al ser los objetos de arte realizaciones materiales de lo subjetivo, el arte por sí mismo nos está brindando la posibilidad del encuentro que se produce habitualmente entre lo ético y lo estético, pero también entre el goce o el disfrute que suelen derivarse del trabajo y del esfuerzo puestos en la comprensión de sus objetos, ya que se entiende que son estos procesos los que generan *la satisfacción* de nuestro conocimiento.

En este último sentido, la experiencia estética constituye una forma de conocimiento práctico. Este planteamiento, mucho más reciente, es el que H. R. Jauss desarrolló en su *Pequeña apología de la ex-*

periencia estética ([1972] 2002) con el fin de abrir un camino intermedio entre las hiperestéticas, que consideran la experiencia del arte como un modo privilegiado de conocimiento, y las miniestéticas, que tienden a desvincularla de toda epistemología.

El texto de Jauss supone que el arte —en la extensión de lo que son sus objetos o *ideas puestas en forma*— tiene algo que comunicarnos, por lo que cabe entonces la posibilidad de conocer algo en (o a causa) de él, pero la cuestión del conocimiento por el arte nos trae otra de las problemáticas que presenta hoy su recepción pues, cuando no se comprenden los objetos que, como obras, resultan de la actividad artística, el arte (en general) se pone en cuestión.

Con las vanguardias previas y posteriores a la Gran Guerra, la práctica artística dejó de comportarse como lo había hecho hasta entonces para dar paso a nuevas estrategias expresivas que han resultado de gran valor para la comunidad artística, pero que, en ocasiones, se perciben de un modo algo contrario por el público que no se encuentra entre los especialistas[20].

20 Se han publicado multitud de textos que valoran, analizan y explican el sentido y el alcance de aquellas transformaciones, aunque sus títulos evoquen lo contrario o se lean *a priori* como lo contrario: *La muerte del arte y la estética* (Formaggio, 1992), *La muerte del artista* (Deresiewicz, 2021), *El fin del arte* (Kuspit, 2006; Cascales, 2020), *El arte agotado* (Rojas, 2012), *Después del fin del arte* (Danto, 2024).

El proceso de apertura y experimentación que se inició con las vanguardias no solo incluía nuevos materiales y formas de hacer, *incorporó* también otros discursos al arte, entre ellos, referencias directas a las problemáticas de *su mundo actual* y la propia autorreferencialidad.

Esta preocupación última, por la obtención de un nuevo conocimiento fundado en las posibilidades y la exploración de sus propias formas, fue lo que llevó a muchos de los artistas de las décadas de los años 50, 60 y 70 a hacer de ello el motivo único de sus obras. Fue así como el arte comenzó a versar más sobre sí mismo que sobre lo/s demás alcanzando con ello notables logros en términos configurativos, algo que también contribuyó a aumentar la distancia que ya se había generado entre el arte de vanguardia y los públicos.

Exigencias del arte

En ocasiones, las ideas que son fruto de nuestros anhelos o de nuestros miedos, nos llevan a falsear o a deformar la realidad de las cosas (*Cfr.* Elias, 1995, pp. 48-49); y, quizá sea por ello que, algunos de los valores que se le exigen al arte puedan no ser más que el conjunto de una serie de voliciones que, por otra parte, también podrían servir para aproximar lo que, desde el propio arte, las gentes que lo practican desean que sea (o temen que no sea) para los demás.

Dado el agotamiento producido por la cantidad de información circulando, la distracción generada por el exceso de estímulos estéticos, y la necesidad imperiosa que tenemos de ir rápidamente por todo y para todo/s lo/s demás, no es de extrañar que se haga harto difícil entrar en el ejercicio de contemplación activa que todo objeto de arte precisa y, sin el cual, no parece que pueda haber lugar para que se produzca un acto de comunicación.

Para todo sujeto, sentir y observar, pensar, analizar y reflexionar, son acciones que conllevan tiempo y que exigen de una implicación para la que, en muchas ocasiones, no se dan las circunstancias o no se está en disposición. La preocupación que se tiene en el sector de las artes por *generar actitud* va pareja al incremento de programas y toda clase de actividades de mediación que museos, centros y galerías ponen en marcha para neutralizar la idea de que contar con el espectador como intérprete constituya hoy una suerte de utopía.

De algún modo, la comprensión de los objetos de arte exige romper con las *economías de la atención* que actuamos cotidianamente y, en cierto sentido, ahí reside una buena parte de su función. La inercia que reduce sensibilidades o la prisa como desajuste del foco nos sitúan fuera de las cuestiones más trascendentes que, paradójicamente, están relacionadas con las problemáticas que más nos afectan.

Para muchas de las personas que se dedican profesionalmente al arte (críticos, gestores de museo, artistas, comisarias, profesorado...) el eje de su actividad se centra en detenerse a examinar, sintetizar y mostrar tales problemáticas bajo las formas de toda suerte de creaciones, haciendo, además, uso de todas las herramientas que tienen a su alcance para su difusión.

Los románticos creían que el arte no supera la realidad, que su valor reside fundamentalmente en enseñarnos a apreciarla, pero si la experiencia de la representación de un amanecer nada tiene que hacer frente a la experiencia de un amanecer natural, ¿por qué entonces Olafur Eliasson dedicó su energía a crear el efecto de un amanecer en el interior de la Sala de Turbinas de la *Tate Modern* de Londres? ¿Acaso no superó con su *configuración*, en algo, la realidad diaria de las personas que, viviendo en una de las capitales europeas con menos horas de sol al año, acudieron a visitar la *muestra*? ¿No está esto *enseñándonos* a apreciar un amanecer real tanto como a apreciar el que se produce con la propia experiencia del arte?

El arte contemporáneo necesita ser reconocido en las oportunidades que presenta, pero como a partir de la segunda mitad del siglo XX la práctica artística dejó de funcionar bajo los sistemas de representación que se habían aceptado como legítimos hasta el momento, para poder conocer y comprender hoy lo que nos muestra con sus objetos, primero será preciso *re-conocer* aquellos cambios estéticos.

Han transcurrido varias décadas desde que Hannah Arendt advirtiera que lo *nuevo* de las prácticas artísticas que estaban teniendo lugar en lo avanzado del siglo XX se hallaba en que el vacío de «lo no expresado» constituyera su núcleo y en especificar que el valor de tal núcleo residiera en proporcionar *un espacio* para que el espectador/a pudiera entrar a participar desde dentro como intérprete (2006, p. 343). Aunque la dinámica del mundo actual nos empuje a realizar lo contrario, es preciso aproximar el arte desde esta perspectiva pues las artes constituyen y proponen, pero también se exponen (ofrecen), como *re-creación* constante.

La libertad de interpretación que nos ofrece el arte es tal que nos sitúa también en el peligro de la carencia de sentido en que incurriría de ser *inagotable* lo que pudiera significarse con él. Los objetos de arte necesitan ser interpretados, y nos ofrecen un amplio margen para ello, pero no toda interpretación es válida.

Incluso el estructuralismo —desde donde se pretendían los análisis más definitorios—, tuvo que admitir cierto carácter de apertura en lo que se refiere a la interpretación de lo artístico. Así, Claude Lévi-Strauss habló de «significado flotante» para señalar con ello que lo concluyente no forma parte en el camino interpretativo que se diversifica en vías varias ante cualquier objeto de arte (1979, p. 40); mientras que Umberto Eco trató de significar con la palabra *asemiosis* que los análisis que pretendieran ser coherentes con la realidad plural de cualquier *texto artístico* habrían de evitar el exceso de formalismo y estructura que sofoca los aspectos no explícitos, marginales o periféricos propios de la práctica artística (*Vid.* 1992).

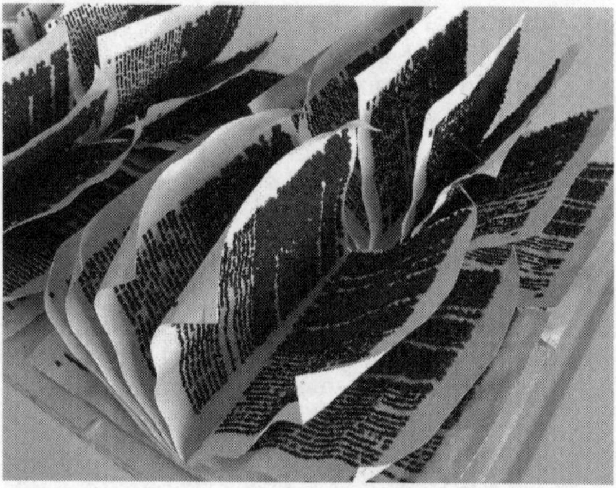

(6)

Tales posiciones, que reconocen la libertad de interpretación en las artes, continuaron desarrollándose, hasta que alcanzaron a precisar una solución al problema de la ausencia de sentido que entraña la idea de que toda interpretación sea posible. Así pues, en las teorías de la deconstrucción, se matizó que es preciso atender a *las coordenadas que han sido es-*

tablecidas por los textos en sus formas, en tanto que dentro o fuera de ellas hay todo un cúmulo de preguntas, afirmaciones o negaciones que dejan de tener oportunidad y/o pertinencia (*Vid.* Derrida, 1989).

Ningún objeto de arte, ninguna palabra, ningún texto y ninguna de las otras cosas que podamos imaginar muestran de modo inmediato y transparente lo que significan. *Mirar es, pues, un trabajo* (en Gómez Haro, 2013, p. 283), y aunque haya a quienes les pueda parecer del todo ilícito que el arte les exija en ocasiones un esfuerzo interpretativo que estiman equiparable al esfuerzo creativo que hace el propio artista, lo cierto es que, lo que se nos está pidiendo como público no consiste en otra cosa más que en atender a las *coordenadas* que presentan sus objetos.

En su propuesta de ruptura con la forma en que comúnmente percibimos y atribuimos significados a las cosas, los objetos de arte nos demandan *reaprender* a ver, a *hablar*, a sentir, pensar y expresar (Didi-Huberman en Fernández-Savater, 2013, p. 315). En este sentido, el arte podría compararse con la ruina, pues en su calidad de fragmento necesita ser completada provocando y estimulando con ello nuestra imaginación, mientras que por su calidad de vestigio nos empuja para situarnos en un lugar indeterminado y ambiguo, entre el pasado y el presente, entre lo primitivo y lo atribuido.

En la vida real

En nuestras percepciones y pensamientos la presencia y la evidencia suelen tener cierta autoridad y preferencia[21], por lo que la operación de *invertir* esto volcando el centro de *gravedad* hacia lo que por norma solemos obviar[22], exige que se produzca un cambio *radical* en la forma en que habitualmente nos disponemos a observar y reflexionar sobre todo/s lo/s demás. Aproximar la realidad conforme a esta perspectiva, exige, por tanto, *contemplar* el silencio.

Aunque el hecho de incluir el silencio en nuestra perspectiva parezca indicar que estemos dejando un exceso para abismarnos en otro, el escollo a superar reside en romper con la costumbre. Situarnos más allá de ella nos permitirá mirar hacia lo que efectivamente no parece estar y solo aparece en sus efectos y, en este sentido, la oportunidad que se está pidiendo dar al silencio no es en modo alguno, un hecho excepcional: funcionamos en y desde el silencio de forma natural, mucho más de lo que advertimos, pero también, *mucho más de lo que admitimos.*

21 Sobre el examen, la crítica y la alternativa filosófica a la metafísica de la presencia (Derrida, 1985, 1986a, 1986b, 1989).

22 Ejemplos aplicados en (Lakoff y Johnson, 2004; Lakoff, 2007).

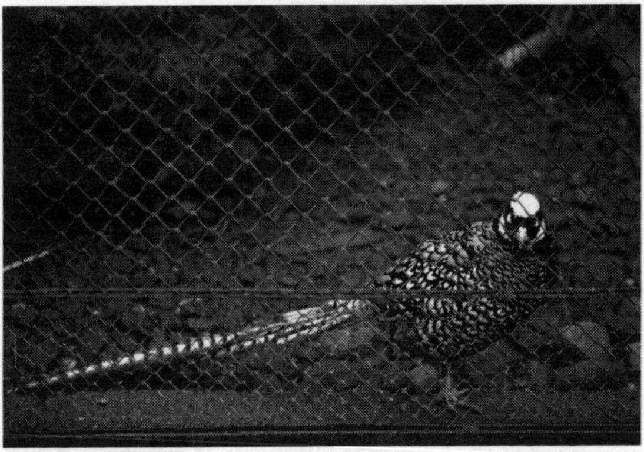
(7)

[THE ANECHOIC CHAMBER]

A propósito de su experiencia en una cámara anecoica John Cage refirió lo siguiente: "Cuando, tras convencernos, en nuestra ignorancia, de que el sonido tiene como claro y definido opuesto el silencio, de que la duración es la única característica del sonido que puede medirse en términos de silencio, y de que por tanto cualquier estructura válida que contenga sonidos y silencios debería basarse, no como es tradicional en Occidente, en la frecuencia, sino justamente en la duración, entramos en una cámara sorda, tan silenciosa como es tecnológicamente posible en 1951, para descubrir que oímos dos sonidos que producimos involuntariamente (el funcionamiento sistemático de los nervios, la circulación de la sangre), la situación en la que claramente estamos no es objetiva (sonido-silencio), sino bastante subjetiva (solamente sonidos), unos voluntarios y otros (normalmente llamados silencios) involuntarios" (2007, pp. 13-14).

(A modo de conclusión)

— *¿Sabes si alguna vez ha existido una fe en un dios... imperfecto?*

— *¿Imperfecto? —repitió, arqueando las cejas—. ¿Qué quieres decir? [...]*

— *[...] Me refiero a un dios cuya imperfección no sea el resultado de la simplicidad de sus creadores humanos, sino que constituya su rasgo principal e inmanente. Ha de ser un dios con limitaciones de su omnisciencia y omnipotencia, falible a la hora de prever el futuro de sus obras y a quien el desarrollo de sus propias creaciones pueda causar pavor. Un dios minusválido cuyos deseos superen con creces sus posibilidades y que no sea consciente de ello inmediatamente. Un dios capaz de construir relojes, pero no el tiempo que miden. Creador, con determinados fines, de regímenes y mecanismos que acaben superando sus objetivos y traicionándolos. Creador, asimismo, del infinito que, en vez de ser una medida que refleje su poder, se termina convirtiendo en la medida de su fracaso. [...] Ese dios no existe fuera de la materia y no es capaz de liberarse de ella, siendo esto lo único que desea...*

(Lem, 2018, pp. 282-283).

Lo erótico

El mundo físico todavía está allí.

(Antonin Artaud, 1925, p. 6).

Mar de fondo

Es necesario que la realidad exterior sea creada por nosotros.

(Kasimir Edschmid, en Michaud, 2009, p. 23).

Contrasentido

Cabría definir el sentido de la posibilidad como la facultad de pensar en todo aquello que podría igualmente ser, y de no conceder a lo que es más importancia que a lo que no es.

(Robert Musil, 1969, p. 19).

La diferencia entre un muerto y un ser viviente

Eso es siempre lo que es emocionante sobre el arte: ser algo que no es.

(Wolfang Laib, en Nota de prensa *Blueproject Foundation* y *Sala Il Salotto* 2014).

La cámara anecoica (conversación imaginada)

¿Qué es para ti lo más importante?

El amor, porque si no amas la vida... ¿cómo vas a vivirla?

[Silencio]

¿Y para ti, qué es lo más importante?

[Silencio]

El arte

[Silencio]

¿Por qué?

Porque el arte nos enseña a amar la vida

CODA

Él y el sol eran uno
y sus poemas, a pesar de haberlos hecho él mismo,
estaban también hechos por el sol.

Wallace Stevens

Agradecimientos

Quiero dar las gracias a esta editorial por confiar en mi trabajo. A José Martín y Ernesto Navarro. A Ana y a Antonio Garriga, mis hermanos, a quienes dedico el texto recogido en [MIGRATION]. A mi compañero, Ángel Talavera, a quien le dedico [MEETING]. Y a mi amigo Vicente Ponce, la CODA situada al término del texto es para él.

BIBLIOGRAFÍA

Referencias esenciales

Adorno, TH. W. (2004). *Teoría estética*. O. C. Tomo VII. Madrid: Akal.

Arendt, H. (2005). *Ensayos de comprensión. 1930-1954*. Traducción de Agustín Serrano de Haro, Alfredo Serrano de Haro y Gaizka Larrañaga Argárate. Madrid: Caparrós.

Arendt, H. (1999). *Los orígenes del totalitarismo*. Traducción de Guillermo Solana. Madrid: Taurus.

Blanchot, M. (1992). *El Espacio Literario*. Traducción de Vicky Palant y Jorge Jinkis. Barcelona: Paidós Ibérica.

Bruneau, T. J. (1973). Communicative silences: forms and functions. *The Journal of Communication*, (23), 17-46.

Bürger, P. (1987). *Teoría de la vanguardia*. Traducción de Jorge García. Prólogo de Helio Piñón. Barcelona: Península.

Castro, F. (2016) Estética a golpe de like. [Post-comentarios intempestivos sobre la cultura actual (sin notas a pie de página)]. Murcia: NewCastle Ediciones.

Colodro. M. (2000). El silencio en la palabra. Aproximaciones a lo innombrable. Chile: Editorial Cuarto Propio.

Dauenhauer, B. P. (1976). Silence. An intentional analysis. *Reserch in Phenomenology*, (6), 63-83.

Derrida, J. (1986a). *De la gramatología*. Traducción de Óscar del Barco y Conrado Ceretti. Madrid: Siglo Veintiuno Editores.

Derrida, J. (1989). *La escritura y la diferencia.* Traducción de Patricio Peñalver. Barcelona: Anthropos.

Derrida, J. (1986b). *Márgenes de la Filosofía*. Madrid: Cátedra Teorema.

Eagleton, T. (2011). *La estética como ideología.* Presentación de Ramón del Castillo y Germán Cano. Traducción de Germán Cano y Jorge Cano Cuenca. Madrid: Editorial Trotta.

Freud, S. (2016). *El malestar en la cultura y otros ensayos.* Madrid: Alianza Editorial.

Friedländer, S. (Ed.). (1992). *Probing the Limits of Representation: Nazism and the "Final Solution".* Cambridge: Harvard University Press.

Groys, B. (2010). *Going Public.* New York: Sternberg Press.

Groys, B. (2016). *In the Flow.* London: Verso.

Goodman, N. (1976). *Los lenguajes del arte.* Barcelona: Seix Barral.

Guardans, T. (2009). La verdad del silencio. Por los caminos del asombro. Barcelona: Herder Editorial.

Herrera, A. (2018). Silencio y psicoanálisis: una retórica de lo inconsciente. Bloomington: Palibrio.

Jauss, H. R. (2002). *Pequeña apología de la experiencia estética*. Introducción de Daniel Innerarity. Barcelona: Ediciones Paidós.

Jaworski, A. (Ed.). (1997). *Silence: interdisciplinary perspectives*. New York: Mouton de Gruyter.

Jaworski, A. (1993). The power of silence: social and pragmatic perspectives. London: Sage.

Lakoff, G. y Johnson, M. (2004). *Metáforas de la vida cotidiana*. Madrid: Cátedra Teorema.

Le Breton, D. (2017) Sensing the World. An Anthropology of the Senses. London: Bloomsbury.

Le Breton, D. (2009). *El silencio: aproximaciones*. Madrid: Ediciones Sequitur.

Lippard, R. L. (Ed.). (1971). *Changing: Essays in Art Criticism*. New York: E. P. Dutton.

Monegal, A. (Comp.). (2007). *Política y (po)ética de las imágenes de guerra*. Barcelona: Ediciones Paidós.

Morgan, R. C. (2003). Del arte a la idea. Ensayos sobre arte conceptual. Madrid: Akal Ediciones.

Nasio, J. D. (2010). *El silencio en psicoanálisis*. Buenos Aires: Amorrortu Editores.

Ortega y Gasset, J. (1980). *Estudios sobre el amor*. Madrid: Espasa-Calpe.

Ortega y Gasset, J. (1964). Historia como sistema. Obras completas. vol. VI. Madrid: Revista de Occidente.

Panikkar, R. (1974). The silence of the word: non-dualistic polarities. *Cross Currents*, (24), 154-171.

Picard, M. (1952). *The World of Silence*. Chicago: Henry Regnery.

Priest, G. (2002). *Beyond the Limits of Thought*. Norfolk: Oxford University Press.

Ponce, V. (1999). *Instrucciones para mirar el silencio.* Valencia: Ediciones A/Z.

Rulfo, J. (2000). *Pedro Páramo.* Madrid: Cátedra.

Sánchez-Biosca, V. (2004). Cine y Vanguardias Artísticas: conflictos, encuentros, fronteras. Barcelona: Paidós.

Sontag, S. (2003). *Ante el dolor de los demás.* Madrid: Alfaguara.

Sontag, S. (2002). *Estilos Radicales.* Madrid: Santillana Ed. Generales.

Steiner, G. (1994). Lenguaje y silencio: ensayos sobre la literatura, el lenguaje y lo inhumano. Barcelona: Editorial Gedisa.

Tarkovski, A. (2018). Esculpir en el tiempo. Reflexiones sobre el arte, la estética y la poética del cine. Madrid: Ediciones Rialp.

Ternon, Y. (1995). *El Estado Criminal: los genocidios en el siglo XX.* Barcelona: Ediciones Península.

Traverso, E. (2001). *El Totalitarismo: historia de un debate.* Argentina: Editorial Universitaria de Buenos Aires.

Trías, E. (1991). *Lógica del Límite*. Barcelona: Destino.

Valesio, P. (1985). A Remark on Silence and Listening. *Rivista di Estetica*, (26), 17-44.

Virilio, P. (2006). *Velocidad y política*. Traducción de Víctor Goldstein. Buenos Aires: La Marca.

Von Drathen, D. (2004). Vortex of Silence: proposition for an art criticism beyond aesthetic categories. Milan: Charta.

Wittgenstein, L. (2009). *Tractatus logico-philosophicus; Investigaciones filosóficas; Sobre la certeza*. Estudio introductorio de Isidoro Reguera. Madrid: Gredos.

Zambrano, M. (1993). *Claros del Bosque*. Barcelona: Seix Barral.

Zubiri, X. (1980). *Inteligencia sentiente*. Madrid: Alianza.

Referencias ocasionales

Adam, P. (1992). *El Arte del Tercer Reich*. Barcelona: Tusquets Editores.

Allora, J., Calzadilla, G. *et al*. (2009). *Allora & Calzadilla*. Zúrich: JRP Ringier.

Anders, G. (2003). *Filosofía de la situación*. Edición de César de Vicente Hernando. Barcelona: Ediciones Paidós.

Anders, G. (2007). *Hombre sin mundo. Escritos sobre arte y literatura*. Traducción de Josep Monter Pérez. Valencia: Pre-Textos.

Andrés, R. (2010). No sufrir compañía: escritos místicos sobre el silencio. Barcelona: Acantilado.

Arendt, H. (2006). *Diario filosófico 1950-1973* (2 vols.). Traducción de Raúl Gabás. Barcelona: Herder.

Arendt, H. (2002). *La vida del espíritu*. Traducción de Carmen Corral. Barcelona: Paidós.

Artaud, A. (1925). Textes Surréalistes. *La Révolution Surréaliste*, (2), 6-7.

Asp, E. D. y De Villiers, J. (2010). *When Language Breaks Down. Analysing discourse in clinical con-*

texts. Cambridge: University Press.

Balken, D. B. (1999). *Alfredo Jaar: Lament of the Images*. Massachusetts: List Visual Arts Center.

Bernier, R. (2014). *The unspeakable art of Bill Viola. A visual Theology.* Pickwick Publications: Eugene, Oregon.

Brea, J. L. (1996). Ornamento y utopía – Evoluciones de la escultura en los años 80 y 90. En: *Arte, proyectos e ideas.* Año IV, nº 4. Universitat Politècnica de València.

Bresson, R. (1979). *Notas sobre el cinematógrafo.* Traducción de Saúl Yurkiévich. México: Ediciones Era.

Cage, J. (2007). *Silencio.* Traducción de Marina Pedraza. Epílogo de Juan Hidalgo. Madrid: Árdora.

Cascales, R. (2020). *El fin del arte*. Valencia: PUV.

Castañeda, M. C. (2013). Trauma y Ficción: *Una misma noche* de Leopoldo Brizuela. *Lingüística y Literatura*, (63), 117-127.

Castells, M. (2006). La era de la información: economía, Sociedad y cultura. Madrid: Alianza.

Cerezuela, J. A. (2010). La construcción identitaria a través de la cámara como objeto transicional: un acercamiento a la obra de Sadie Benning. *Revista de Bellas Artes*, (8), 119-141.

Chion, M. (1998). La audiovisión. Introducción a un análisis conjunto de la imagen y el sonido. Barcelona: Paidós.

Civallero, E. (2009). Cuando la memoria se convierte en cenizas: memoricidio durante el siglo XX. Recurso electrónico sin paginación. Recuperado de: <https://www.researchgate.net/publication/28807234_Cuando_la_memoria_se_convierte_en_cenizas_Memoricidio_durante_el_siglo_XX>

Danto, A. C. (2014). *Después del fin del arte*. Barcelona: Paidós.

Decker-Phillips, E. (1998). *Paik Video.* New York: Barrytown Ltd.

Deresiewicz, W. (2021). *La muerte del artista.* Madrid: Capitán Swing.

Derrida, J. (1985). *La voz y el fenómeno. Introducción al problema del signo en la fenomenología de Husserl.* Traducción y prólogo de Francisco Peñalver. Valencia: Pre-Textos.

Durandin, G. (1995). La información, la desinformación y la realidad. Barcelona: Paidós.

Eco, U. (1992). *Los límites de la interpretación*. Traducción de Helena Lozano Miralles. Barcelona: Editorial Lumen.

Elias, N. (1990). *Compromiso y distanciamiento. Ensayos de sociología del conocimiento.* Edición de Michael Schôter. Barcelona: Ediciones Península.

Elias, N. y Dunning, E. (1992). *Deporte y ocio en el proceso de la civilización.* Madrid: Fondo de Cultura Económica.

Esche, CH. (2007). *Absentmindedwindowgazing*. Eindhoven: Van Abbemuseum.

Fernández-Savater, A. (Ed.). (2013). *Fuera de lugar. Conversaciones entre crisis y transformación*. Madrid: Acuarela & A. Machado libros.

Formaggio, D. (1992). *La muerte del arte y la estética.* Barcelona: Grijalbo.

Freud, S. (1972a). *La interpretación de los sueños.* O.C. Tomo II (1899-1900). Madrid: Biblioteca Nueva, (pp. 343-795).

Freud, S. (1972b). *Psicopatología de la vida cotidiana*. O.C. Tomo III (1900-1905). Madrid: Biblioteca Nueva, (pp. 755-931).

Gallagher, A. (Ed.). (2011). *Susan Hiller*. London: Tate Publishing.

Garriga, R. (2013). El silencio como límite comprensivo: una aproximación a su aplicación en las propuestas artísticas de Shimon Attie y Alfredo Jaar. *Eikasia. Revista de Filosofía*, (50), 323-334.

Govan, M., Cooke, L., Warner, M., Ferguson, B. y Hickey, D. (1995). *Ann Hamilton: tropos*. New York: Dia Center for the Arts.

Grass, G. (1999). *Escribir después de Auschwitz*. Barcelona: Paidós.

Gruss, L. (2010). *El silencio. Lo invisible en la vida y el arte*. Argentina: Capital Intelectual.

Goldberg, R. e Iles, CH. (Eds.). (1995). *Marina Abramović: objects, performance, video, sound*. Oxford: Edition Hansjörg Mayer.

Gómez Haro, L. (2013). *Del humor en el arte contemporáneo. Teoría y práctica*. Valencia: ARS Universitat Jaume I.

Han, B-CH. (2012). *La sociedad del cansancio.* Barcelona: Herder Editorial.

Han, B-CH. (2021). *No-cosas. Quiebras del mundo de hoy.* Barcelona: Taurus.

Hegel, G. F. W. (1989). *Lecciones sobre la estética*. Madrid: Akal.

Hegel, G. W. F. (1973). *Introducción a la estética.* Barcelona: Ediciones Península.

Hofmannsthal, H. (1981). *Carta de Lord Chandos.* Prólogo de Claudio Magris. Traducción de José Quetglas. Murcia: Colección de Arquitectura.

Hornstein, S., Levitt, L., y Silberstein, L. (Eds.). (2003). *Impossible images: contemporary art after the Holocaust*. New York University Press.

Ibrahim, Y. (2009). Holocaust as the Visual Subject: The Problematics of Memory Making through Visual Culture. *NEBULA: A Journal of Multidisciplinary Scholarship* (December), 94-113.

Jaar, A. y Gallo, R. (1997). Representation of Violence, Violence of Representation. *Trans*, (34), 52-61.

Kaes, A. (2009). *Shell Shock Cinema: Weimar Culture and the Wounds of War.* New Jersey: Princeton University Press.

Kafka, F. (1982). Informe para una academia y otros cuentos. Madrid: Akal.

Kahneman, D., Sibony, O., y Sunstein, C. R. (2021). *Ruido. Un fallo en el juicio humano.* Madrid: Debate.

Kaplan, B. A. (2011). *Landscapes of Holocaust Postmemory*. New York: Routledge.

Kuspit, D. (2006). *El fin del arte*. Madrid: Akal.

Lakoff, G. (2007). No pienses en un elefante: lenguaje y debate político. Madrid: Editorial Complutense.

Lang, B. (2000). Holocaust Representation: Art within the Limits of History and Ethics. Baltimore: The Johns Hopkins University Press.

Laplanche, J., y Pontalis, J-B. (1974). *Diccionario de Psicoanálisis*. Bajo la dirección de Daniel Lagache. Traducción del Doctor Fernando Cervantes Gimeno. Prólogo y revisión del Doctor Fernando Angulo García. Barcelona: Editorial Labor.

Lem, S. (2018). *Solaris.* Traducción de Joanna Orzechowska. Introducción de Jesús Palacios. Madrid: Impedimenta.

Lévi-Strauss, C. (1979). Introducción a la obra de Marcel Mauss. En Mauss, M. *Sociología y antropología*. Madrid: Tecnos.

Malévich, K. (1978). The Artist, Infinity, Suprematism. Unpublished writings 1913-1933. Copenhagen: Borgen.

Michaud, E. (2009). La estética nazi. Un arte de la eternidad: la imagen y el tiempo en el nacionalsocialismo. Córdoba: Adriana Hidalgo Editora.

MNCARS (2010) con motivo de la muestra *Atlas ¿Cómo llevar el mundo a cuestas?*
Recuperado de: <https://www.youtube.com/watch?v=WwVMni3b2Zo>

Mondrian, P. (1993). *La nueva imagen en la pintura. La realización del Neoplasticismo en la arquitectura del futuro lejano y de hoy.* Nota introductoria de José Quetglas. Murcia: Colegio Oficial de Aparejadores y Arquitectos Técnicos.

Mosterín, J. (1999). Límites del conocimiento y de la acción. *NÚMEROS. Revista didáctica de las matemáticas*, (40), 45-53.

Noguera, J. M. (2018). Generación efímera: la comunicación de las redes sociales en la era de los medios líquidos. Salamanca: Comunicación social.

Nota de presa Blueproject Foundation|Sala Il Salotto, Barcelona. Exposición *Wolfgang Laib* (2014). Recuperado de: <http://www.blueprojectfoundation.org/images/prensa/ndp_laib_cast.pdf>

GUGGENHEIM BILBAO (2021). Nota de prensa: Exposición Olafur Eliasson. Recuperado de: <https://prensa.guggenheim-bilbao.eus/src/uploads/2020/01/Dosier-Olafur-Eliasson_EN-2.pdf>

Pessoa, F. (1997). *Libro del desasosiego (de Bernardo Soares).* Traducción, organización, introducción y notas de Ángel Crespo. Barcelona: Seix Barral.

Poe, E. A. (1957). *Narraciones extraordinarias.* Barcelona: Editorial Juventud.

Portús Pérez, J. (1994). Cuando no hay palabras (El no sé qué y otras fórmulas de lo inefable en el arte del Siglo de Oro). *Espacio, Tiempo y Forma. Historia del Arte*, (VII), 165-180.

Pujals, E. (1992). La lengua radical. Antología de la poesía norteamericana contemporánea. Madrid: Gramma Poesía.

Rábade, S. (1998). *Teoría del conocimiento.* Madrid: Akal.

Rojas, S. (2012). *El arte agotado*. Santiago de Chile: Sangría Editora.

Rothberg, M. (2000). Traumatic Realism: The Demands of Holocaust Representation. Minnesota: University Press.

Ruiz De Samaniego, A., y Mouriño, J. M. (Eds.). (2015). *Cabañas para pensar.* Madrid: Maia Ediciones.

Shalev-Gerz, E. (1999). El movimiento perpetuo de la memoria. *Pasajes. Revista de Pensamiento Contemporáneo*, (1), 43-47.

Solzhenitsyn, A. (1997). Archipiélago Gulag: 1918-1956: ensayo de investigación literaria. Barcelona: Tusquets.

Steiner, G. (2001). En el Castillo de Barba Azul. Aproximación a un nuevo concepto de cultura. Barcelona: Editorial Gedisa.

Stevenson, R. L. (2005). Caminatas. En Memoria para el olvido. Los ensayos de Robert Louis Stevenson. Madrid: Siruela.

Stich. S. (1994). *Yves Klein*. London: Hayward Gallery.

Symonds, A. (2021). Entrevista a Doug Aitken. Recuperado de:

<https://www.interviewmagazine.com/art/exclusi-ve-preview-and-interview-the-source-evolving-doug-ai-tken>

Turrell, J. (2021). Recuperado de: <https://james-turrell.com/about/introduction/>

Valente, J. A., y Lara Garrido, J. (Eds.) (1995). *Hermenéutica y mística: San Juan de la Cruz*. Madrid: Tecnos.

Wagensberg, J. (2003). *Ideas sobre la complejidad del mundo*. Barcelona: Tusquets Editores.

Wajcman, G. (2011). *El objeto del siglo.* Buenos Aires: Amorrortu.

Wiesel, E. (2012). *A corazón abierto*. Salamanca: Ediciones Sígueme.

Índice de imágenes

(1) *Alicia a través del espejo.* De John Tenniel - Through the Looking-Glass, *Imagen de dominio público:* https://commons.wikimedia.org/w/index.php?curid=7592577

(2) *Águila.* Imagen tomada durante el proceso de creación para el proyecto *La ley del espejo,* expuesto en Galería Freijo, 2018. (Madrid, España). Fotografía: Rocío Garriga, 2017.

(3) *La ley del espejo,* 2018. Hélice de avión realizada con plumas de paloma encontradas. Medidas: 220 x 220 x 40 cm. Obra perteneciente al proyecto *La ley del espejo.*

(4) *Alas del poeta X*, 2016. Plumas, fósforos de cera y fanal de cristal sobre base de madera forrada con papel de lija para el encendido de cerillas. Medidas: 15 x 9 Ø cm. Rocío Garriga.

(5) Secuencia de acción basada en la instalación *Un año en minutos de silencio. Revisión 2013.* Medidas: 30 x 610 x 14 cm. Rocío Garriga. Las tres últimas imágenes se han incorporado con posterioridad.

(6) *Rojo y negro. Edición dedicada*, 2015. Libro 'Rojo y negro' (Stendhal) intervenido con semillas de achiote, comino negro y mostaza. Medidas: 40 x 60 x 20 cm.

(7) *Faisán dorado*, 2018. Fotografía tomada en el Zoológico de Varsovia, en el año 2017. Impresión digital a color sobre espejo. Medidas: 78 x 100 cm. Edición de 3 + 1 A.P. Rocío Garriga. Obra perteneciente al proyecto *La ley del espejo.*